Holismo, ecologia e espiritualidade

Dados Internacionais de Catalogação na Publicação (CIP)
(Câmara Brasileira do Livro, SP, Brasil)

Ribeiro, Jorge Ponciano
Holismo, ecologia e espiritualidade: caminhos de uma Gestalt
plena / Jorge Ponciano Ribeiro. — São Paulo: Summus, 2009.

Bibliografia.
ISBN 978-85-323-0534-3

1. Ecologia 2. Espiritualidade 3. Gestalt (Psicologia) 4. Gestalt -
terapia 5. Holismo 6. Psicoterapia I. Título.

09-02753   CDD-150.1982

Índice para catálogo sistemático:

1. Holismo, ecologia e espiritualidade:
   Gestalt-terapia: Psicologia   150.1982

Compre em lugar de fotocopiar.
Cada real que você dá por um livro recompensa seus autores
e os convida a produzir mais sobre o tema;
incentiva seus editores a encomendar, traduzir e publicar
outras obras sobre o assunto;
e paga aos livreiros por estocar e levar até você livros
para a sua informação e o seu entretenimento.
Cada real que você dá pela fotocópia não autorizada de um livro
financia o crime
e ajuda a matar a produção intelectual de seu país.

Holismo, ecologia e espiritualidade

CAMINHOS DE UMA GESTALT PLENA

Jorge Ponciano Ribeiro

HOLISMO, ECOLOGIA E ESPIRITUALIDADE
caminhos de uma Gestalt plena
Copyright © 2009 by Jorge Ponciano Ribeiro
Direitos desta edição reservados para Summus Editorial

Editora executiva: **Soraia Bini Cury**
Editoras assistentes: **Andressa Bezerra e Bibiana Leme**
Capa: **Daniel Rampazzo / Casa de Idéias**
Projeto gráfico e diagramação: **Crayon Editorial**
Impressão: **Sumago Gráfica Editorial**

Summus Editorial
Departamento editorial:
Rua Itapicuru, 613 – 7º andar
05006-000 – São Paulo – SP
Fone: (11) 3872-3322
Fax: (11) 3872-7476
http://www.summus.com.br
e-mail: summus@summus.com.br

Atendimento ao consumidor:
Summus Editorial
Fone: (11) 3865-9890

Vendas por atacado:
Fone: (11) 3873-8638
Fax: (11) 3873-7085
e-mail: vendas@summus.com.br

Impresso no Brasil

Para Ziulma.

E para Giovanna Fernandes Ponciano, minha primeira netinha, no seu primeiro ano de vida, desejando que cresça num mundo com uma configuração mais humana.

Um livro escrito com o coração.

Desse modo, o desejo de voltar atrás não pode significar para nós mais do que uma coisa: recuperar o contato com a vida e com o que ela tem em si de "natural" e de primitivo; voltar à sua fonte primeira da qual brota não somente a ciência, mas também todas as demais manifestações da vida espiritual; estudar de novo as relações essenciais, que primitivamente, antes que a ciência as tenha colocado em conformidade a seu modo, se dão entre os diversos fenômenos dos quais se compõe a vida; ver se podemos deduzir alguma coisa que todavia a ciência não tenha descoberto, sem cair, por isso, nem em um naturismo primitivo, nem em um misticismo, com frequência tão afastado da realidade como a ciência, tão "racionalista" nas imagens a que recorre. Queremos olhar "sem instrumentos" e dizer o que vemos. Essa tarefa, por outra parte e contrário ao que poderia parecer, é muito difícil.

EUGÊNE MINKOWSKI

Mas a vida se encarrega, às vezes, de clarear esse ponto. Então aprendemos a compreender que a pretendida "superfície" pode ter sua própria profundidade, enquanto que, por outro lado, a profundidade, levada mais além, corre o risco de converter-se no mais superficial.

EUGÊNE MINKOWSKI

Hino ao criador

ELE ME AMOU ANTES DA CONSTITUIÇÃO DO MUNDO. *Antes que eu existisse, Ele pensava em mim. Antes que eu fosse gerado, eu existia Nele. Ele pensava em mim, em cada fase da constituição do universo. Quando criou a terra, quando criou as águas, quando criou o vento, quando criou o fogo, Ele pensava em mim, eu estava lá.*

Ele se pré-ocupou comigo em todas essas fases. Quando eu vivia nos minerais, eu estava Nele à espera de me tornar vegetal; quando criou o vegetal, eu estava Nele à espera de me tornar animal; quando criou o animal, eu estava Nele à espera de me tornar humano, e quando criou o homem e a mulher fez um ato específico de amor a mim e me chamou para a existência humana, fazendo-me à sua imagem e semelhança.

Minha existência se enriquecia, a cada dia, de todos os elementos que me precederam. Meu corpo-pessoa se enriquecia, cada vez mais, de minerais e de todas as propriedades dos vegetais e dos animais, porque, na verdade, para me tornar humano, fui mineral, vegetal e animal.

Sou, hoje, uma síntese divina do próprio processo que o universo elaborou para se tornar, como eu, a maravilha das maravilhas que hoje somos.

Existir é um ato de Presença que não cessa nunca de se enriquecer. Os vegetais têm uma presença diferente dos minerais, eles são vivos; os animais têm uma presença diferente dos vege-

tais, eles se movimentam e têm processos mentais, alguns de extrema complexidade; os humanos têm uma presença diferente da dos animais, eles sentem, pensam, fazem e falam.

Todas as criaturas proclamam a glória do Senhor, louvam ao Senhor todas as criaturas, por meio de Sua presença. Quanto mais atualizo toda a sua criação em mim, mais me faço presente em mim mesmo, mais Ele se torna presente em mim e mais me torno hino de louvor à sua glória e à sua existência.

Minerais, animais, racionais, somos síntese dos reinos que nos precederam e entraram na nossa constituição. Somos ambientais. Embora concebidos por obra e graça do Grande Espírito, nossa gestação foi cuidadosamente pensada, processada, programada. Não somos fruto do acaso. Deus não tem pressa, jamais violenta ou apressa sua criatura a dar saltos que sua história passada não contempla.

Antes de tudo, era o Nada. A Comunidade Divina, Pai, Espírito, que é o lado materno de Deus, e o Filho, coexistente eternamente com o Pai e o Espírito, se contemplavam. Na verdade, o Nada nunca existiu. Nossa mente finita não consegue pensar, muito menos visualizar a divina Trindade se autocoexistindo eternamente, confundindo-se absolutamente com a realidade. Antes, Ela é a realidade, não sobrando espaço para nenhuma outra realidade.

Essência e existência se confundem em Deus. Hoje todas as coisas existem Nele, é a presença Dele que mantém o ser existindo. "Antes", se pudermos dizer "antes" da constituição do mundo, Ele era toda a realidade possível. Não existia algo, como um absoluto vazio, no qual Ele estava dentro, ou que estava em volta Dele. Ele é toda a realidade possível e fora Dele, nem antes, nem agora, nem depois, coisa alguma pôde existir.

Em algum momento, Ele decidiu criar, isso para usar a noção de tempo, pois Ele não é temporal, é eterno, Ele não existe, Ele simplesmente É sem começo, sem meio nem fim.

Criar para Ele é simplesmente tornar o possível existente, não importa o que, se uma formiga ou milhões de galáxias. E, como nada do que existe pode surgir do nada ou sem Ele, Ele pensou amorosamente todos os detalhes de sua criação, desde o bico de um tucano às asas de um beija-flor, mas pensou sobretudo em mim, pois, para Ele, Ele pensa "sobretudo" em tudo. Tudo para Ele é extremamente importante, Ele não brinca quando cria, pois coloca, na natureza de todas as coisas, um traço seu.

Nada do que existe existe sem Ele, tudo existe Nele e por Ele. Ele fez acontecer o grande boom *cósmico. Posso imaginar a onipotência divina tornando o possível realidade, tirando de dentro de sua plenitude o infinito que se transformava em finito, virando uma bola de fogo e, numa mágica cosmogonia, esparramando pelo vazio milhões de seres se organizando.*

Ele disse: "Crescei e multiplicai-vos". E, como a palavra cria a realidade, o universo obediente foi se multiplicando, redobrando-se em complexidade e beleza. A ordem era, multiplique-se, diversifique-se, o limite é o infinito. A única opção do cosmo era obedecer e assim se fez.

Eu e você já estávamos ali, naquele primeiríssimo momento. Estávamos Nele, e assim nós assistimos de dentro a tudo, a esse primeiro e divino momento. Éramos também objeto dessa criação. Já ali Ele disse: "Evolua, plenifique-se, encontre todas as suas possibilidades". E assim se fez e se faz.

O universo, como Ele, é vivo. Cresce e se transforma indefinidamente, sempre à procura da melhor forma. Essa eterna procura é o mais divino traço que o Criador imprimiu na sua criatura, à busca da eterna beleza.

Deus é vida, e tudo que sai de suas mãos é expressão da sua própria vida, pois Ele não pode se excluir de sua própria obra, sobretudo porque desapareceria imediatamente. Assim, à Sua semelhança, o universo é vivo, o Planeta-Terra é vivo, por isso o chamamos de Mãe-Terra. E, como ninguém dá o que não tem, tudo que existe na Terra são seus filhos e filhas.

Você e eu fazemos parte deste projeto, desde toda a eternidade. Antes que o boom acontecesse, nós já existíamos na mente divina à espera de sermos atualizados. Era só uma questão de tempo. E assim se fez. Eu e você não temos idade certa, pois temos a idade de Deus. Não poderíamos existir hoje se eternamente não habitássemos Nele.

Começamos a existir no começo de tudo, assistimos à poeira das estrelas se organizar e "depois" nós mesmos fomos nos organizando ao longo de bilhões de anos. Assistimos como participantes ativos ao surgir da terra, do ar, das águas, do fogo, elementos de que, hoje, somos feitos.

Por infinitas séries evolutivas, fomos, nós dois, eu e você, sendo selecionados para ser gente, pessoa. E assim se fez. Eis-nos aqui, você e eu, na onda do processo evolutivo, que, neste momento, nos fez pessoa à espera silenciosa da evolução que nos aguarda, quando, de novo, não sabemos como, poderemos retornar às estrelas de onde viemos.

E o Senhor fez em mim maravilhas. Santo é o seu nome.

E assim se fará.

Sumário

Palavras do autor 15

1. Holismo 19

2. Contato, transcendência e espiritualidade 63

3. Gestalt, contato e espiritualidade 83

4. Ecologia e espiritualidade 115

5. Gestalt, ecologia e espiritualidade 133

6. Transcendência, espiritualidade e santidade 149

7. Gestalt-terapia e espiritualidade 177

Conclusão OU à guisa de conclusão 213

Bibliografia 221

Palavras do autor

HOLISMO, ECOLOGIA E ESPIRITUALIDADE – *Caminhos de uma Gestalt plena* é um texto que tenta discutir e dar respostas a algumas demandas do mundo moderno, numa área provocativa que está criando esperanças de que, por meio do aprofundamento desses temas, possamos trazer algumas soluções para as necessidades atuais do Planeta.

Nossa intenção é apresentar um texto cuja leitura preencha algumas condições, como: atender às necessidades de pessoas que desejam se aprofundar nessas áreas; ser academicamente crítico, de tal modo que tenha entrada garantida na Universidade; mostrar argumentos que levem as pessoas a uma reflexão de corresponsabilização na solução dos problemas do Planeta; ser um subsídio aos psicólogos como uma avaliação orientada aos problemas de disfunções psicológicas que permeiam os consultórios por falta de sensibilidade e engajamento ou por desconhecimento dos problemas da Terra.

O Holismo é a matéria-prima da qual emana, naturalmente, uma visão de Ecologia Profunda e Espiritualidade. Sem uma visão holística de mundo, dificilmente nos tornaremos sustentáveis; perderemos a sensibilidade para a transcendência e a Espiritualidade, condições humanas de existência, que precisam ser apreendidas da realidade que nos cerca.

O texto desenvolve a ideia central de que animalidade/racionalidade/ambientalidade são os três existenciais da dimensão humana e de que a exclusão de um deles, sobretudo da ambientalidade, é a responsável pela irresponsabilidade das relações Pessoa/Terra, cujos efeitos já se fazem sentir pela devastação dos ecossistemas vivos. A sustentabilidade humana precede a sustentabilidade do Planeta – que é o centro da pessoa humana, e não o contrário.

Com base no conceito de totalidade e nos princípios básicos do Holismo de que "tudo muda, tudo afeta tudo e tudo é um todo", o texto constrói, sistematicamente, uma visão epistemológica da natureza gestáltica da relação homem/mundo. Rompe-se o dualismo pessoa *e* mundo, parte *e* todo, figura *e* fundo para pensar a relação pessoa/mundo como uma unidade de sentido, uma Gestalt plena, uma totalidade organizada, indivisível, articulada.

Ecologia e Espiritualidade são processos gestálticos de configurações perfeitas, porque nem uma nem outra podem ser pensadas por meio de suas partes, sob pena de se destruir sua unidade de sentido e de ação.

O texto descreve, fenomenologicamente, a procedência da Ecologia do Holismo e a Espiritualidade da Ecologia, de tal modo que, seja por indução, seja por dedução, estamos diante de uma Gestalt, uma totalidade organizada, indivisível, funcionando como um campo de forças unificado.

A Abordagem Gestáltica, como forma de psicoterapia, ganha um texto sólido, bem fundamentado e que demonstra, criticamente, a procedência e a relação da Gestalt com o Holismo e mostra como a questão ecológica e a questão da Espiritualidade são lugares comuns em nossos consultórios – e cuja não vivência vem camuflada de TOC, estresse, pânico, culpa, escrúpulos religiosos, doenças psicossomáticas e, agora, doenças virtuais.

É minha explícita intenção afirmar e provar que dessa totalidade chamada Gestalt procede uma visão ecológica e espiritual de mundo, como microcampos que, junto com bilhões de outros, formam a realidade chamada Cosmo, Universo, à qual nós pertencemos, e também demonstrar que muitos dos problemas humanos, materiais e/ou espirituais da realidade passam pelo desconhecimento da experiência de pertencer, queiramos ou não, ao Universo.

O texto vai num crescendo de aproximações teórico-práticas até finalizar no capítulo "Gestalt e Espiritualidade", que, como uma redução fenomenológica do exposto e do vivido, apresenta um possível caminho para facilitar a sustentabilidade humana por meio de instrumentos de Espiritualidade – tão antigos quanto nós mesmos, mas agora explicitados de maneira coerente e em certa ordem funcional e prática, a fim de facilitar a experiência clínica no consultório.

1. Holismo

ALGUMAS DOUTRINAS FORAM determinantes na mudança dos rumos da história humana, parte em função de seus autores, parte pela época em que surgiram, parte pelo conteúdo e pelas promessas que traziam. Doutrinas, entretanto, que não podem ser operacionalizadas permanecem no campo das abstrações, continuando a ser referenciais teóricos de outras possibilidades de ação. Algumas doutrinas surgem, aparentemente, fora de época. São como sementes lançadas em terra boa, que não crescem porque lhes faltou chuva, faltou umidade, ou veio o inverno, a neve as cobriu e agora esperam a primavera para brotar e mostrar toda a sua beleza.

Assim aconteceu com *Holismo e evolução*, de J. C. Smuts, publicado em 1926 na África do Sul por um político que também era general – aparentemente, portanto, fora de contexto tanto do local de publicação quanto de seu autor. Acredito, no entanto, que esse foi um dos mais profundos, instigantes e completos livros publicados no século passado e agora, depois do inverno, surge em toda a sua beleza, trazendo para a humanidade a primavera de muita esperança e abrindo caminho para a possibilidade de um paradigma diferente: o Paradigma Holístico.

Acredito, não obstante a grande esperança que o Planeta vive hoje, que a questão do Holismo ainda está longe de ser olhada como uma proposta de um paradigma diferente e, consequentemente, de ser vivida como algo capaz de trazer grandes e eficientes respostas para os problemas atuais do mundo moderno.

Smuts (1996[1926], p. 322) deixa isso claro quando afirma:

> O Holismo como apresento aqui, eu direi, não é matéria para a ciência, é uma entidade ou conceito para além da ciência. Ele foge ao escopo da ciência, e a explanação de coisas que ele propõe não é uma explanação científica; mesmo assumindo que exista uma tal atividade em ação no universo como o holismo, isso não terá valor para a ciência. Para ser objeto de interesse da ciência, tem de fazer uma diferença para os fatos atuais e, portanto, ser passível de verificação experimental. Mas, claramente, o holismo, mesmo caracterizado por uma reciprocidade e universalidade, não pode ser testado.

Vamos desenvolver, primeiro, a ideia holística do Universo. "Holismo é um fator que salienta a tendência sintética do universo e é o princípio que dirige a origem e o progresso de totalidade no universo" (Smuts, 1996[1926], p. V).

O Universo não é uma multidão de partes em inter-relação. É, sim, uma infinidade de partes em intrarrelação, de tal modo harmoniosamente conectadas que não se pode falar de partes, mas de um todo ou de uma totalidade em funcionamento, composto de matéria, vida, Mente e personalidade, não se sabendo onde termina uma e começa a outra, pois matéria, mente, vida e personalidade não são partes de uma totalidade, mas subtotalidades de uma realidade maior e, como subtotalidades de uma realidade maior, nada existe nelas que seja estranho ao Universo, pois evoluíram de uma única e primeira totalidade.

As ciências modernas parecem seguir um movimento diferente daquele do mundo moderno. Enquanto o mundo se globaliza, as ciências se particularizam, se dividem, se especializam cada vez mais. Assim, a Matéria fica com a física, com a geologia, com a química e outros; a Vida fica com a medicina e biologia; a Mente com a psicologia – como se fosse possível falar ou estudar uma sem estar extremamente atento às outras.

Após uma longa e complexa dissertação sobre a natureza da matéria, Smuts (1996[1926], p. 36) conclui:

> A antiga visão de matéria como inerte e passiva desapareceu completamente. A matéria, como a vida, é intensamente ativa, é, de fato, ação no sentido físico, técnico. A dificuldade não é entre morte e vida, mas entre dois tipos de atividades. Por meio de suas comuns atividades, os campos da matéria e da vida, portanto, se sobrepõem e se misturam e uma absoluta separação desaparece.

Assim: "A distância entre a matéria e a mente é imensamente reduzida, e a matéria se torna plástica (fluida) ao poder emoldurador da mente", porque "a mais íntima natureza do universo é Energia ativa ou Ação e envolve o interjogo de tremendas atividades, cujo resultado é expresso nestas curvas, e estas curvas não são outra coisa senão a atual orientação ou direção dos Eventos na Estrutura-Espaço-Tempo do Universo" (Smuts, 1996[1926]), p. 31-2).

Embora as ciências modernas insistam em se subdividir em infindas especializações na presunção de que, cada vez mais divididas, poderão ser mais bem explicadas, ocorre, entretanto, que quanto mais se subdividem mais vai ficando do claro que sua compreensibilidade depende de certo *philum* que as une uma a outra, como o próton que vem do átomo que vem da molécula que vem da célula, num eterno retorno à origem primeira de tudo. A parte, isolada do todo, nada é: um ponteiro de relógio sem relógio, um pé de cadeira sem cadeira, um coração sem um corpo que o faça pulsar nada significam, porque é a totalidade que dá sentido às partes, e não o contrário. A totalidade é a guardiã do sentido das coisas. É ela que explicita as partes e lhes dá sentido. Quando dizemos "partes", não estamos falando apenas de algo fisicamente presente, pois uma totalidade menor, por exemplo este homem, é parte de uma totalidade maior, a humanidade. Assim, podemos conceber a realidade como uma rede interminável de todos-partes formando o Universo.

Desaprendemos ou talvez nunca tenhamos aprendido a nos olhar e, mais que isso, a nos experienciar como partes vitais, criadoras de outras totalidades. Cortamos uma árvore sem o menor remorso, jogamos lixo na rua sem nenhum escrúpulo, como se a árvore ou a rua fossem partes de uma totalidade à qual não pertencemos. Não estamos vivendo o sentido de pertencimento, isto é, que pertencemos à rua e à árvore como elas nos pertencem e, ainda que não o percebamos, estamos em íntima relação com todas as coisas do e no Universo.

> Os valores da matéria ou do universo físico nascem simplesmente de suas estruturas e formas. Se a substância (o tecido), a energia ou a ação da matéria não fossem definitivamente estruturais, mas difusas através do espaço, a entropia do universo seria absoluta e seu valor para o cosmos, sob qualquer ponto de vista, seria nulo, zero. Em poucas palavras, utilidade e beleza da matéria nascem de suas estruturas, que são o resultado e a expressão de sua própria e inerente atividade. (Smuts, 1996[1926], p. 56)

"[...] O caráter estrutural da matéria mostra que ela também é criativa, não de sua própria matéria, mas de formas, arranjos, modelos que constituem todo o seu valor na esfera física" (Smuts, 1996[1926], p. 36). "Ela é criativa analogicamente ao modo como dizemos que a vida ou a mente são criadoras de valores" (p. 55).

Perdemos a reverência, o respeito pela matéria – e, no entanto, nós somos matéria, e ela nos cerca de todos os lados. O carro em que andamos é matéria, a casa em que moramos é matéria, a terra que pisamos é matéria, a roupa que vestimos é matéria, o alimento que comemos é matéria, nós somos matéria, na forma, na energia, na ação de sermos pessoas.

Perdemos a dimensão transcendental da matéria. A matéria tem sido a última das coisas em importância e, no entanto, sem ela não existiríamos, porque na ordem do processo evolutivo primeiro fomos matéria, depois vida, depois mente, depois pessoa. E hoje somos uma síntese maravilhosa dessa caminhada que o Universo percorreu à procura da melhor forma.

A Teoria Holística nos convida a uma reflexão permanente sobre pertencer ao Planeta. É uma proposta pedagógica, no sentido de que nos educa para respeitar o Universo, porque não estamos aqui ao acaso, mas nascemos da Terra e com ela formamos uma unidade da qual temos de tomar conta.

O Universo, longe de ser um caos, é eficientemente ordenado, no sentido de produzir os efeitos para os quais foi pensado. Entre os milhares de princípios pelos quais ele se regula, destacamos três: (1) tudo está ligado a tudo; (2) tudo é um Todo; (3) tudo muda. Nada no Universo é independente, fruto de si mesmo, ou se mantém por si mesmo. Experimentamos essa afirmação cotidianamente, isto é, vemos que, na prática, é assim que o Universo funciona, é assim que funcionamos. Mas estamos longe de vivenciar essa tríplice realidade como algo que determina nossos movimentos. Vivenciar significa não apenas admitir que nossa vida é regida, controlada por esses três princípios, mas experienciar emocionalmente esses processos, não apenas como Pessoa individual e singular, mas como seres cósmicos, e sentir o que isso implica para cada um de nós.

Essa tríplice afirmação é a síntese da teoria holística, formando uma matemática cósmica a cuja operação nada escapa, mas cujos dados, por sua infinitude e complexidade, não podem ser operacionalmente demonstrados. Essa intricada rede de intracorrelações tem um instinto de autorregulação, de autoatualização, de estar sempre passando da potência ao ato, criando formas cada vez mais complexas e cuja essência é sempre a procura da melhor configuração, que hoje se chama "ser humano-Pessoa".

Uma visão de causa e efeito de uma linearidade constante e absoluta é o oposto da fluidez criativa que vemos no Holismo do Universo, embora não possamos demonstrá-lo objetivamente. A realidade, segundo Smuts (1996[1926]), se constitui de quatro grandes séries – matéria, vida, Mente e Personalidade – que, embora aparentemente longe umas das outras, constituíram os degraus progressivos da evolução, cuja trilha é o Universo encarnado em nós e ao redor de nós. Holismo, continua, "é matéria e energia em um momento, é organismo e vida em outro, é mente e Personalidade em outro" (p. 320).

Pensar holisticamente o Universo é experimentar e vivenciar um paradigma diferente, que implica um processo de conversão por meio do qual tudo é ressignificado. É ler a linguagem do Universo de maneira diferente, deixando de competir com ele para a ele nos associarmos na busca de suas melhores formas. Podemos nos aproximar dele, ou melhor, podemos nos deixar infiltrar por ele ou infiltrá-lo, ou melhor ainda, somos ele em miniatura e, como ele, ora nos expressamos como matéria, ora como energia, ora como organismo vivo, ora como sua Mente, ora como Personalidades conscientes. Somente uma visão assim pode produzir em nós um verdadeiro processo de ajustamento criativo, porque, de algum modo, não nos resta outra coisa, considerando que somos seres infinitamente pequenos para confrontá-lo sem as consequências que ele, silenciosamente, nos prepara, embora sejamos partes integrantes dessa grande unidade. Não olhamos para o Universo, olhamos a realidade a partir do Universo, porque não somos duas partes que se entreolham, somos partes que se complementam, somos uma complexa unidade.

> Holismo, na sua verdadeira acepção, é uma tendência para a unidade, uma mistura e uma ordem de múltiplos elementos em unidades novas [...], esta tendência na direção da individuação é inerente ao processo holístico e recebe um imenso ímpeto (impulso) quando o nível humano de desenvolvimento é atingido. (Smuts, 1996[1926], p. 232)

Nada no Universo é isolado, toda realidade é fruto de um longo processo evolutivo, embora não tenhamos consciência da caminhada que o Universo fez para chegar até nós. Assim, minha vida biológica tem 20, 30, 100 anos, mas minha existência tem a idade do Universo. Não comecei a existir no dia de meu nascimento, existo desde que o Universo foi pensado.

Os minerais do meu corpo não foram criados ou gerados no útero de minha mãe, eles estão entre os minerais que presidiram à constituição do mundo. A água do meu corpo não foi feita, criada, gerada na barriga de minha mãe, é a mesma água que ajudou a esfriar o Planeta e constituiu os primeiros mares e oceanos.

Todos os constituintes do meu corpo foram retirados, ao longo de milhares de gerações, de elementos da natureza, de tal modo que nada do que existe em mim é estranho aos próprios constituintes do Universo. Meu corpo é herdeiro da primeira terra que começou a surgir no Universo e no nosso Planeta. Todos os elementos químicos de então moram também no meu corpo.

Meu DNA tem a mesma constituição do DNA do primeiro habitante deste Planeta. Por meio de um físico, químico, biológico e mágico processo transgeracional, estou ligado constitucionalmente ao primeiro ser humano deste Universo. Não sou um estranho no ou do Universo, recapitulo em mim toda a história da constituição do mundo.

Assim como o Universo, comecei sendo matéria, depois passei a ser vida, depois passei a ser Mente e depois Pessoa. Eu sou o Universo em Pessoa, e o Universo sou eu em potencialidades. Não existe, portanto, o Universo e eu como duas realidades separadas.

Eu sou o Universo em miniatura, e o Universo sou eu em plenitude. Tudo que seria estranho ao Universo seria estranho a mim. Eu sou o Universo visível, aqui-agora, existindo entre mim e ele uma contextualidade organicamente absoluta. Um é existencialmente constituinte do outro.

Assim como sou vivo, também o Universo é vivo. Assim como respiro, também ele respira. Assim como morro ou vou morrer, também o Universo vai morrer. Morrer não é desaparecer, mas transformar-se absolutamente, atingir outros níveis do processo evolutivo.

Minha **Ipseidade** é a síntese existencial que o Universo escreveu no meu ser. Ela é a história escrita e invisível da história escrita e visível do Universo, contida numa "casca de noz".

Meu *Self*, como minha imagem temporal, como meu si-mesmo circunstancial, começou no dia em que fui concebido, mas minha Ipseidade, como imagem atemporal, resultante das séries evolutivas do Planeta, começou lá nas estrelas, quando o Universo, como-um-todo, iniciou a constituição de todos os seus seres.

Caminhamos entre duas representações existenciais: uma milenar, a Ipseidade, expressão fiel de nosso singular e individual processo evolutivo; e o *Self*, expressão fiel de nosso também singular e individual processo evolutivo, marcado porém pela temporalidade e espacialidade dessa fase estacionária de nossa evolução.

Olhar o Universo dessa perspectiva é olhá-lo reverentemente. Olhar reverentemente o Universo é olhar reverentemente para si mesmo. Olho para mim através do Universo. Não ensino nada ao Universo. Ao contrário, apreendo e aprendo tudo dele e com ele. Ele é o grande Mestre. Tão grande que nós alunos não conseguimos lê--lo, escutá-lo, aprender dele. Olhamos o mundo – ou para ele – como se fosse um quadro, uma pintura a ser admirada ou, pior, algo a ser usado. Não temos a dimensão de que somos uma única realidade, de que formamos uma unidade, embora vivamos, ao mesmo tempo, a sensação de individuação com relação ao Universo, sendo essa sensação parte do próprio processo holístico de evolução. O Todo não elimina as partes, ele as incorpora. O ponteiro de um relógio não deixa de ser ponteiro, visto que o relógio funciona como um Todo. Ao contrário, é fundamental que cada parte funcione em seu processo de individuação, porque de outra forma o crescimento e a mudança por meio das diferenças seriam impossíveis.

Assim, não somos uma parte *no* Universo ou *no* Todo, somos uma parte *do* Universo ou *do* Todo que, junto com milhões de outras, faz o universo acontecer como acontece. O Universo, e também os Todos, acontece por inteiro, ainda que não consigamos perceber a totalidade em funcionamento nas coisas. Esse funcionamento escapa à nossa percepção.

> O Todo é uma síntese ou uma unidade de partes, tão juntas (intrincadas) que o todo afeta as atividades e as interações daquelas partes, imprime nelas um caráter especial e as faz diferentes do que foram antes da combinação devida de cada unidade ou síntese. Esse é o elemento fundamental no conceito de todo. (Smuts, 1996[1926], p. 122)

> Quando um estímulo atinge um organismo, o Todo entra em ação por igual e a resposta que daí resulta não é meramente algo do estímulo original, mas do todo inteiro em tudo [...]. (Smuts, 1996[1926], p. 127)

> O todo, portanto, não é um agregado mecânico de partes indiferente a e sem a influência de suas partes. (Smuts, 1996[1926], p. 209)

Essas definições nos remetem ao caráter criativo do Todo, enquanto pelo movimento ou dinâmica inter e intrarrelacional das partes elas "perdem" seu caráter de singularidade e, em conjunto, passam a funcionar diferentemente do que foram antes em separado. Isso nos remete, de imediato, à noção de Gestalt como uma configuração de partes formando uma síntese ou uma unidade de sentido. O Todo são as partes em transcendência, uma Gestalt plena, no sentido de que o Todo passa a ser um evento, um acontecimento vivo e criador de uma realidade antes presente nas partes, mas agora em estado de transcendência, atingindo um nível de existência que não existia nas partes.

Essa concepção de Todo nos convoca para ver nas partes um potencial que precisa ser extraído delas, potencial esse que será tanto mais atuante quanto mais as partes se sentirem livres para as mais possíveis conexões. As coisas têm um potencial interno para se deixarem manipular, de tal modo que, sem perder seu caráter original, cada uma de suas partes se torna capaz de receber tantos estímulos quanto a possibilidade de um Todo pode comportar. É como se pudesse ocorrer uma intersubjetividade entre coisa e sujeito. Uma rosa é uma rosa e nada mais que isso apenas ao olhar pobre e nada criativo do observador; mas, se o ofertar-se da rosa encontra a criatividade de quem a toca, ambos podem chegar ao infinito de suas possibilidades. Nesse caso, mais do que nunca, Gestalt e/ou Totalidade podem ser definidas como Encontro de Diferenças.

Smuts (1996[1926], p. 162) expressa isso de modo diferente, falando da vida e de seu poder de selecionar aquilo que, mais de perto, a realiza: "A vida tem o poder de autodirigir-se, de escolher uma direção em vez da outra, de tomar o caminho que leva à escolha de um objeto percebido consciente ou inconscientemente".

Assim a vida – não a minha ou a sua –, mais do que ética, é estética. Ela segue o instinto da autoatualização; não faz de sua caminhada um dever, uma imposição, mas uma escolha prazerosa, buscando sempre a melhor forma.

Tudo que é vivo é belo, pois a vida não produz nada feio – o feio é a ausência de harmonia em alguma parte do Todo. E isso só acontece porque ali ela tomou uma direção em vez da outra, mas sempre na esperança e talvez na certeza de que essa estrada, quando se encontrar com outra, também deixada para trás, vai retomar a beleza interrompida.

O feio é sempre provisório, pois está sempre à procura de retornar ao lugar da beleza perdida que ficou para trás. Nada nasce feio, o feio é feito, é um acidente de percurso. Transcender é passar do feio ao belo. Espiritualidade é passar do belo ao encantamento que não olha a quantidade das coisas (o feio é uma quantidade), mas a qualidade que reside em todos os seres, humanos ou não humanos. É a Espiritualidade que faz as pessoas descobrirem a beleza de todas as coisas, sobretudo a nossa beleza. Quem não se encontra com a própria beleza e com ela se encanta terá dificuldade de encontrar a beleza do Outro. Viver é descobrir a própria beleza, sempre.

A visão holística de mundo nos transporta para o campo da transcendência e da Espiritualidade mediante as quais o mundo não é para nós um conjunto de milhões de objetos, mas uma unidade inteligente, na qual cada uma de suas partes se responsabiliza por todas as outras, superando a si mesma, e juntas se aliam uma à outra, superando-se pela ajuda do outro, utilizando o que de melhor ele possui. "Transcendência é tudo que faz com que eu saia de minha condição existencial, seja para compreender o outro, seja ainda para, pelo imaginário, colocar-me além de meus limites corpóreos" (Angerami-Camon, 2004, p. 221).

Smuts (1996[1926]) afirma que o instinto de autopreservação é o carro-chefe de todos os outros instintos – porque tudo que nasceu nasceu para continuar vivo. Ora, preservar-se não é apenas segurar o que se tem, mas superar o que se tem. É superar limites, ir ao encontro do desconhecido. Transcender, portanto. E assim nós entendemos que, longe de ser uma coisa inusual de iniciados, faz parte da condição humana de crescimento, ou seja, transcendemos exatamente porque somos humanos, e não máquinas. A transcendência é condição de vida; quem não transcende morre. Mas temos pensado a transcendência como algo que sinaliza apenas momentos especiais de nossa vida. Nossa vida é especial, e não seus momentos.

> Não há como efetivar nenhuma das realizações humanas de superação, se não for por meio da transcendência. A transcendência assim não poderá ser analisada como algo isolado e que não esteja imbricado, indissoluvelmente, a outras ocorrências inerentes à condição humana. É dizer que não podemos refletir sobre a transcendência isoladamente, porém não temos como separá-la da pulsação humana em sua totalidade contínua e intermitente. (Angerami-Camon, 2004, p. 225)

Não transcendemos porque queremos, não marcamos a hora de transcender. Transcender é um estado, um estado de procura, de permanente busca de encontrar, sempre que possível, a melhor saída, o melhor pensamento, o melhor encontro. Somos chamados à transcendência, a conviver com a consciência de que imaginar o melhor e ir atrás é transcender, de que transcender é condição humana de evolução e crescimento humano-espiritual. A noção de Totalidade é fundamental para que a Pessoa entenda que ninguém cresce sozinho. A transcendência é ato de comunidade, no sentido de que ninguém é uma ilha, de que estamos juntos à procura de horizontes novos e de que somente quando nos percebemos em real contato com o outro nossa transcendência passa a ser um verdadeiro ato de transformação evolutiva e comunitária. Se transcender é próprio da condição humana, não nos humanizamos isoladamente, mas em grupo como um todo.

Por sua vez, Leonardo Boff (*apud* Angerami-Camon, 2004, p. 76) diz: "A espiritualidade é a grande gestora da esperança humana em relação ao futuro". Porque a Espiritualidade remete o ser humano à procura de sua humanidade da maneira mais radical possível. E, considerando que ninguém encontra o Outro sem se encontrar primeiro, a Espiritualidade se transforma no instrumento primeiro de encontro que é o grande e talvez o único remédio que pode salvar a humanidade. É por meio da Espiritualidade que a Pessoa se constitui humana, isto é, descobre que não é sozinha no mundo e, ao descobrir essa evidência (as evidências nem sempre são evidentes), volta-se para si com carinho, com amor, com compaixão – e aí encontra também o Outro.

Após essas rápidas reflexões sobre a interdependência das relações entre transcendência e Espiritualidade, numa visão holística, retorno, de novo, a outra das questões fundamentais da psicologia: a questão da **Mente**.

Mente, o que é isso, a nossa Mente? Retomamos uma visão holística da Mente. Estamos acostumados a falar da Mente como algo pessoal, subjetivo, "dentro da cabeça" do homem. Fazemos longos estudos e pesquisas sobre sua natureza, como se fosse possível isolar a Mente do resto e saber sua composição ou estrutura. Acontece que nada no Universo é isolado, porque nada nasceu completo, pronto, mas é feito de todo um processo evolutivo que foi criando as diferenças e os diferentes, não obstante sermos muito mais semelhantes que diferentes.

Smuts (1996[1926], p. 228) deixa clara essa preocupação:

> Meu ponto de vista real está na diferença de tratamento da Mente do ponto de vista da Psicologia e do Holismo, respectivamente. Para a Psicologia, Mente é um fenômeno distinto e que deve ser estudado em si mesmo. Para o Holismo, a Mente também é um fenômeno, mas é também uma fase – uma fase culminante do seu processo universal. A questão de fronteiras, tão fundamental para os psicólogos, não existe para nós. Do nosso ponto de vista, isso é uma mera questão paroquial; para nós a

Mente não é meramente um fenômeno da psicologia humana e animal. Nós temos de traçar as conexões da mente com as mais antigas fases da matéria e da vida; nós temos de, por assim dizer, colocar a descoberto as fundações (as origens) da Mente na ordem do Universo. Mente como uma expressão do holismo. Mente como um órgão do Holismo: essa é a nossa questão.

Acredito que a questão de uma dada visão da Mente não nasce da psicologia. Ao contrário: uma dada visão da Mente, universalmente falada e transmitida, criou um jeito psicológico de lidar com a Mente. A Mente ficou empobrecida, isolada, um fator físico-químico do cérebro, e perdeu sua conexão com o Todo, com a Totalidade da qual ela emana e da qual recebe seu verdadeiro significado. A parte se separou do Todo e se arroga o direito de explicar a Totalidade de onde emergiu através de suas várias fases evolutivas. E, em consequência disso, adquiriu uma enorme frieza para lidar com a vida-como-um-todo e, continuando seu processo de decadência, se tornou um dos meros temas da psicologia, que se imagina, megalomaniacamente, capaz de explicar o Todo do qual procede. A Mente, vista pela psicologia, perdeu o encantamento, a magia de sua história evolutiva, passando a "ver" a realidade como produto seu. Como está hoje, a Mente se desarmonizou do Todo, a parte grita pelo seu direito à singularidade se desconectando da Avó-Matéria e da Mãe-Vida que prepararam o terreno para que ela surgisse não como autônoma, mas como um fio condutor para uma realidade maior que ela: a Personalidade.

> Na mente, nós atingimos o mais significante (importante) fator no Universo, o supremo órgão que controla todas as outras estruturas e mecanismos. A mente não é ainda o Mestre, mas é a chave nas mãos do mestre, Personalidade. (Smuts, 1996[1926], p. 229)

> A Mente, de fato, é uma nova estrutura, ainda em processo de se fazer, embora não seja uma direta continuação ou exposição de algo que existiu antes. Ela é uma superestrutura base de estruturas físicas e psicológicas já existentes e tem a função da Evolução e, em certo modo, de fazer surgir novas linhas dela mesma e iniciadas por ela mesma. (Smuts, 1996[1926], p. 231)

Depois da matéria e da vida, portanto, compete agora à Mente a evolução do Universo, a escolha das melhores linhas, dos melhores caminhos para que o Universo seja um Universo humano, de humanos para humanos.

Vemos, no conceito holístico de Mente, aproximações para o desenvolvimento de uma Espiritualidade que nasce do mundo e no mundo. A *Mente Holística* prepara o terreno para a *Espiritualidade Cósmica* – uma Espiritualidade engajada, que dá sentido ao agir humano a cada momento, a cada passo. O Universo vive um perene processo ou movimento de transcendência, não *subtrai* nunca, sempre *soma* e, se alguma vez *divide*, divide para depois *multiplicar-se* em infinitas possibilidades. Não se trata de grandes passos, mas daquele passo que faz a diferença. Isso é o que poderíamos chamar de Espiritualidade Cósmica, modelo de uma Espiritualidade humana que tem tudo que ver com o modo como o Universo faz suas escolhas, suas opções.

Como diz Smuts (1996[1926], p. 246):

> A questão que estou querendo colocar, contudo, é que a Mente aparentemente individual (estética) é, na realidade, influenciada de maneira profunda e vital pela Mente universal; e que o self individual só se transforma nele mesmo por meio de um self racional e social que o relaciona organismicamente com todo o resto do Universo.

O *Eu*, o *Self* são, portanto, constituídos pelo Universo. Não existe um Eu, um *Self* em separado, como guardiões da realidade que eles criam ou pensam que criam. Estamos dizendo, todo o tempo, que tudo tem ligação com tudo, que tudo muda, que tudo é um Todo e só por abstração podemos falar de Eu ou *Self* como estruturas isoladas, como algo que existe na Pessoa e age sobre o mundo. Essa independência de todas as coisas nos conduz a uma visão do mundo com mais humanidade, com mais simplicidade e até com mais amor pela outra parte que sou Eu também e, de certo modo, entra na minha constituição, mas é também parte constitutiva de bilhões de outros seres. Poderíamos chamar esse movimento ou processo de *cumplicidade cósmica* – que deveria fazer que todos os seres do Universo, sobretudo o ser humano, fossem guardiões amorosos de suas partes condividias também com todos os outros seres.

Zelar por si é zelar pelo Universo inteiro, pois nada sou mais que o resultado de um macrouniverso acontecendo em mim. Essa visão ecológica, gestáltica do Universo é o oposto de uma indiferença assustadora por parte de muitas Pessoas pela Terra e pelo Universo, porque para muitas nada lhes interessa da Terra. A Terra é algo fora delas, o Sol é algo que nasce e se põe todos os dias, a Lua cheia acontece de vez em quando, a chuva cai em alguns meses do ano e assim por diante. Assim, sem uma profunda e universalizante ressignificação de nossa relação com o Planeta, nada ou quase nada se manterá.

Aqui entram a função da Espiritualidade, como o despertar para a valorização das pequeninas coisas, a questão da Ecologia Profunda, como uma proposta de aprender com o Universo a se comportar humanamente, e também uma visão gestáltica do Planeta, como um apelo à valorização das partes, do individual e do singular na formação do Todo no qual estamos, necessariamente, incluídos e é, em última análise, o elemento criativo do e no Planeta.

Continuando a visão smutsiana do Universo, acredito que os conceitos de **Eu,** de *Self* e de **Personalidade** nos podem dar bases teóricas para um pensar epistemológico mais rigoroso de nossas posições acadêmicas e práticas.

A questão do **Eu**. Aqui se coloca um dos temas mais centrais da psicologia: o que é e o que constitui o EU de uma Pessoa. Quando digo "Eu amo", "Eu faço", "Eu penso", de que realmente estou falando? O Eu tem sido falado, estudado como algo subjetivo que dá sentido às coisas, independentemente do que elas são na realidade. O Eu tem sido descrito como uma função, um processo que se constitui de maneira independente da realidade que o cerca. Ele faz e acontece, a despeito de toda a realidade que aparentemente nada tem que ver com ele.

O *Dicionário Aurélio* define "Eu" como "a personalidade de quem fala", "a individualidade metafísica da pessoa", já o *Dicionário Houaiss* o define como "individualidade da pessoa humana".

Tais definições traduzem exatamente o que a psicologia tem feito com o construto Eu, algo independente, subjetivo, que tem o poder de definir situações sem, no entanto, prestar atenção à realidade externa. Esse privilegiamento do "EU" criou tudo do que se diz de egoísmo, egocentrismo, individualismo. Tal posição psicológica separou a Pessoa do Outro, da natureza, do mundo. O Eu age como entidade soberana, muitas vezes, sem se dar conta da realidade fora dele. Tal posição criou todos os radicalismos do mundo moderno, tipo "cada um por si e Deus por todos". E o mais grave é que essa separação, essa individualização do Eu criou uma profunda indiferença para com a natureza, da qual o Eu se considera senhor, podendo dispor dela como lhe apraz.

Cometemos enganos ao definir o Eu apenas como corporal, como se o corpo fosse a única sede do eu, como se, de algum modo, o Eu se confundisse com a totalidade do corpo físico. Na verdade, o Eu corporal é apenas 50% ou menos da realidade. Se o Eu precisa de ar, de calor, de gravidade, de comida para funcionar, não pode ser definido como a Totalidade da individualidade de alguém, como se existisse dentro do corpo como uma realidade independente do mundo que o cerca e também o constituiu e constrói. O Eu, ou o que o constitui, é, no mínimo, 50% corpo e 50% meio ambiente. Não temos consciência da radicalidade dessa afirmação. Se o Eu corporal deste homem, deste indivíduo, tivesse consciência de que 50% dele vem do ser constituído pelo meio ambiente, o homem olharia o meio ambiente como cocriador seu, como seu coconstituinte, e seria tomado de uma profunda reverência por essa parte que é ele e o constitui.

Não estou dizendo que existem um Eu corporal e um Eu ambiental que, juntos, formam uma totalidade funcional. Existe, sim, um Eu, formado, necessária e metafisicamente, por um processo intrarrelacional Pessoa/mundo, de tal modo que não se pode dizer que o Eu tem duas partes, pois ele é único, indissolúvel, constituindo metafisicamente a Pessoa Humana. Pessoa/mundo = Pessoa Humana = Eu. Assim, quando olho o Universo, estou olhando minha outra metade em funcionamento.

O Universo e o meio ambiente não são algo estranho a mim; antes, Eu sou o Universo funcionando de outro modo, em suas outras infinitas possibilidades. Matéria e psique não podem ser vistas como duas realidades distintas, independentes, mas apenas como processos diferentes de uma única e mesma realidade, funcionando inter e intradependentemente na constituição da melhor forma da Pessoa Humana.

O Eu, portanto, não é uma realidade em funcionamento no corpo, mas uma realidade em funcionamento no Universo/ Pessoa Humana. Esse Eu é feito de psique/matéria ou psique/meio ambiente, portanto, ontologicamente, não sabemos onde o "Eu" começa ou onde ele termina, tendo essa questão implicações imediatas para se saber o que determina o comportamento humano intrapsíquico e mundano.

Esse eu, de um lado, vem sendo constituído há bilhões de anos, trazendo dentro dele o inconsciente cósmico, toda a história da evolução do Universo registrada em suas células, não sendo, portanto, de estranhar as infinitas sensações a que ele está sujeito. De outro lado, o Eu é hoje circundado, envolvido de toda uma horizontalidade de situações às quais ele responde de imediato. Não se pode, portanto, afirmar que o Eu é feito de uma evolução singular de cada indivíduo e começa na formação da psique, quando o óvulo e o espermatozoide se encontram e formam a primeira célula embrionária. Quando esse milagre acontece, já estão ali os 23 cromossomos do homem e da mulher para formar o DNA do novo ser, e ali já está imbricado um novo Eu cósmico, portador dos genes que a evolução produziu ao longo da história até aquele momento da fecundação.

O Eu não é uma abstração. É um pronome reto que substitui um nome. Em vez de dizer "Jorge faz, pensa, ama", se diz "Eu faço, penso, amo". O "Eu" substitui um "Jorge" real, vivo, ativo no mundo e do mundo. Assim como Jorge foi se constituindo Jorge, ao longo dos anos, o Eu vai se constituindo Eu, ao longo dos anos, não de maneira abstrata ou virtual, mas de maneira real, afetiva. O Eu, portanto, tem todas as propriedades que o Jorge tem. Tudo que diz respeito a um diz respeito ao outro. O meu Eu não é um mero pronome, ele é Jorge andando, respirando, fazendo, vivendo, plenamente, em um campo unificado de forças, experienciando e vivenciando todas as variáveis psicológicas e não psicológicas de seu espaço vital.

A condição humana do Eu envolve ser, necessária e ontologicamente, um ente, um ser de relação Pessoa/mundo, psique/natureza, de tal modo que o Eu funciona impulsionado por duas vertentes necessariamente imbricadas uma com a outra, a psique e a natureza, ou por uma única vertente psique/natureza, de tal modo que só por abstração podemos pensar em um Eu corpóreo, nascido e mantido em funcionamento só pelo corpo. O Eu é necessariamente corpóreo-cósmico – ou corpóreo-ambiental, ou corpóreo-natureza, ou humano-não humano. Se a humanidade tivesse caminhado na direção de ver este aspecto essencial do Eu de ser um Eu ser ambiental, com certeza o homem se teria preservado muito bem com imensos benefícios para a natureza-não humana.

O homem perdeu a dimensão de que o Planeta é um organismo vivo, pois somente um organismo vivo e, em consequencia, inteligente poderia produzir a vida que o cobre todo em beleza, riqueza e abundância. Se o homem é capaz de destruir o Planeta, é para ele que deve convergir todo nosso esforço de modificá-lo. Não conseguiremos salvar o Planeta sem salvar antes o homem, que é quem tem o poder de destruí-lo. A sustentabilidade do Planeta passa necessariamente pela superação da separatividade que o homem experimenta, quase sempre de modo não consciente, de que ele é filho e não senhor da Terra, e de que, quando diz "Eu", está também dizendo "Tu" à Mãe-Terra.

É como se o Eu funcionasse por duas metades: o corpo e o meio ambiente, que, juntas, formam a Pessoa Humana tal como ela existe hoje, provindo toda ação humana dessa Totalidade, cujas partes (corpo e meio ambiente) são de tal modo intrarrelacionadas que não se sabe onde uma termina e a outra começa. E não precisamos apelar para a física ou outras áreas do conhecimento para justificar epistemologicamente tal afirmação, porque o corpo (onde supostamente "reside" o Eu) simplesmente morre se o meio ambiente suspender sua via de comunicação com ele. É como corpo e alma, ou corpo-alma, não se sabendo onde começa um e termina o outro. Se a alma "sai", o corpo morre; logo, tudo que é produzido pelo corpo-alma é produzido pelos dois, independentemente de que natureza seja, se física ou mental.

Em rigor, não se pode falar que nosso Eu nasce na nossa concepção. Na verdade, ele começou com o início do próprio Universo. O Universo tem seu Eu Cósmico, sua face inteligente e viva que conduz sua evolução através dos tempos. E, em dado momento e espaço, uma fagulha desse Eu Cósmico se desprega dele e, mediante uma série interminável de transformações, finalmente se encarna em nosso corpo humano, dando início assim à Pessoa Humana, último e mais avançado evento da história da evolução.

Na verdade, portanto, assim como nosso Eu não começou na nossa concepção, ele também não termina com nosso corpo, não é contido pelas nossas quantidades. Nosso Eu é uma extensão do Universo ou o Universo é uma extensão de nosso Eu humano – e podemos fazer essa troca porque o Universo é também humano.

É a essa concepção de Eu que chamo de IPSEIDADE, construto mais limpo que *SELF* e que expressa de maneira mais eficiente nossa relação com o Universo. Assim, tanto a cura da biosfera como a da psique humana não ocorrerão isoladamente. Uma não se salvará sem a outra porque ambas, milenarmente, percorreram e continuarão a percorrer a mesma evolução. Não se pode pensar no homem isolado da natureza, até porque ele é um dos componentes da natureza global. O Eu do homem provém de três vertentes: do animal, do racional, do ambiental – e só por abstração é possível pensar um sem o outro. Pensar o ser humano como animal-racional está na base de toda a separatividade que caracteriza o mundo moderno, sobretudo o chamado progresso industrial e o agronegócio que vai se impondo globalmente a todas as estruturas humanas que ainda tentam sobreviver. Falar, portanto, de sustentabilidade do Planeta como se essa fosse uma ação do homem para o Planeta é incorrer num absoluto erro de percepção estratégica. Sustentabilidade não se faz para a Terra com o homem, se faz com a Terra para o homem, sem os quais nada tem sentido.

> A exclusão da natureza do estudo da psique, entretanto, teve uma importância decisiva, pois a fragmentação psique/natureza é a própria base sobre a qual a exploração sistemática dos ecossistemas e das outras espécies de animais se tornou possível. A alienação da mente humana do pulso vital que lhe deu origem gera a destruição dos sistemas de suporte à vida e reflete-se de volta sobre nós como sintomas de desagregação pessoal-social. (Albuquerque, 2008, p. 26)

A temática do Eu, assim tratada, nos remete sempre à questão básica do Holismo, como uma postura que vê a terra, os mares, as pessoas, as estrelas, os bichos como grandes Todos em ação, todos-partes de um Todo Maior do qual emana uma teleologia que dirige tudo como Todos à procura de sua melhor forma ou configuração possível.

> O **Self** somente se realiza e se torna consciente de si mesmo, não sozinho e no isolamento e na separatividade, mas em sociedade, entre outros seres com os quais ele interage em um encontro social. Eu jamais vou me conhecer e me tornar consciente de

minha separada e individual identidade, se eu não me der conta de outros iguais a mim: a consciência de outros selfs é necessária para a consciência do meu self ou do self da minha autoconsciência. O individual tem, portanto, uma origem social na experiência [...] Em outras palavras, o poder de formar conceitos gerais só se torna possível por meio do instrumento social da linguagem [...] O Self individual ou a Personalidade não tem uma fundamentação (origem) individual, mas procede do universo inteiro. (Smuts, 1996[1926], p. 245)

Smuts deixa claras a inter e a intradependência de todas as coisas. O ser humano, a Personalidade se constituem no e com o Universo, com o Social, com o Outro e por meio deles. A ilusão da separatividade é a esquizofrenia globalizada que o Planeta vive. Essa rachadura, essa separação entre Pessoa Humana e Terra ou o Planeta é a causa de todos os males ecológicos e mentais que a humanidade está vivendo. Sem uma linguagem comum, universalmente aceita, fica impossível falar do e sobre o Planeta de modo idêntico. Vivemos uma analogia de linguagem paupérrima, para não dizer uma equivocidade total na compreensão de nossa relação com o Planeta, porque não temos uma linguagem libertadora sobre a Terra, mas uma fala que aprisiona, que não se abre para outros horizontes de disponi-bilidade para mudar nossa relação consumista de controle, de disfunção com o Universo. Nosso conceito de Pessoa, de Personalidade é ambíguo, é falho, não traduz a realidade ontológica da relação homem/mundo. Traduz, sim, uma relação homem E mundo, bem separados, distintos, um olhando o outro, às vezes como um inimigo a ser domado ou como algo, uma fonte indefinida e infinita de produção do bem-estar, desconectado completamente do bem-estar do Planeta.

A Abordagem Gestáltica se fundamenta numa visão holística e ecológica de mundo, enquanto ela rompe com o dualismo mente e corpo, dentro e fora, pessoa e mundo, e entende que a realidade é única e vê-la de ângulos diferentes não significa, em absoluto, dividi-la em partes. Um "Todo" é mais que a soma de suas partes, tem algo interno, intrínseco, uma internalidade de estrutura e função, tem íntimas e específicas relações, uma internalidade de caráter ou natureza, o que constitui aquele "mais". "Estas partes não se juntam por uma adição mecânica, mas por uma completa transformação, assimilação e apropriação na direção do próprio peculiar sistema do material recebido" (Smuts, 1996[1926], p. 101).

> É muito importante afirmar que o "Todo" não é algo adicional às suas partes; ele é as partes em um definitivo e estrutural arranjo e com mútuas atividades que constituem o "Todo". A estrutura e as atividades diferem em caráter de acordo com o estágio de desenvolvimento do "Todo"; mas o "Todo" é exatamente esta específica estrutura de partes com suas atividades, propriedades e funções. (Smuts, 1996[1926], p. 104)

Poderíamos tomar essas posições para definir o que entendemos por **Gestalt**, ou seja, uma configuração de partes de tal modo inter e intraligadas que formam uma unidade de sentido, um Todo, e que essa relação parte/Todo procede por transformação, assimilação e apropriação de tal modo que, quando se observa um objeto, uma coisa, seja de que natureza for, se vê o Todo, pois é ele que define o ser e não suas partes.

Esses pressupostos nos colocam diante de alguns dos principais conceitos da Gestalt-terapia, como contato, fronteira, parte/Todo, ajustamento criativo, como construtos que interligam a teoria holística e ecológica à prática clínica gestáltica.

> Eu devo agora acrescentar que por "Todo" entendo o "Todo" plus seu campo. Seu campo não é algo diferente dele e adicional a ele, mas uma continuação dele além de contornos sensíveis da experiência. O "Todo" está no tempo e no espaço. (Smuts, 1996[1926], p. 110)

> Nos seus campos, os corpos se interpenetram um no outro e, portanto, asseguram que a continuidade entre eles forneça (supra) a ponte para a passagem de mudanças entre eles [...]. O processo ocorre no campo e em mais nenhum lugar [...]. O campo de um organismo é sua extensão além de seus limites sensíveis, é aquilo que existe de mais além desses limites. (Smuts, 1996[1926], p. 113)

Nada mais familiar à Abordagem Gestáltica que o conceito de campo que nos remete à questão da temporalidade e espacialidade como construtos que nos permitem resgatar o tema da vivência das experiências imediatas. Valorizamos sobremaneira a questão do espaço e esquecemos que os fenômenos são eventos do tempo, incluindo passado, presente e futuro, pois, como diz Smuts (1996[1926], p. 115), "um organismo é uma contínua autogênese: atrás dele está sua filogênese, que nele repete, parcialmente, sua história pessoal".

Somos mais que nosso futuro, que nosso passado. Somos uma história viva que recapitula em nós milhões de anos, o que nos faz singulares, únicos no Universo e, consequentemente, seres de infinitas possibilidades não encontráveis em nenhum outro ser. Essa Totalidade cósmica singularizada em nós nos remete a uma Totalidade ontológica por meio da qual, ao perpetuar um passado, perpetuamos também a certeza da nossa imortalidade, que nos dá a sensação de uma presença criativa e criadora, permitindo um contato conosco e com o outro, cada vez mais, de melhor qualidade, porque alicerçado no encantamento de uma história cósmica que termina em nós e no encantamento de uma história humana que renasce em nós e, por nós, se perpetua.

Na verdade, temos estudado a Pessoa Humana e/ou a Personalidade como centros autônomos, livres, inesgotáveis de produção, esquecendo-nos de que no Planeta nada funciona independentemente de uma realidade maior. Perdemos, há muito, o sentido de sociabilidade do que significa ser Pessoa ou Personalidade. São conceitos apenas a serem estudados pela psicologia e ciências humanas e está bem assim.

Não é a Pessoa ou a Personalidade que explicam o Universo, é o Universo que explica o que é Pessoa, o que é Personalidade. Precisamos inverter a lógica: o mais explica o menos, isso é ontologicamente exato. Mas o homem inverteu a operação: o menos explica o mais. O Universo é o Mestre da ciência, e não o contrário. A ciência aprende com o Universo.

> A **Personalidade** é, portanto, um novo todo, o mais alto e o mais completo de todos os todos, é a mais recente e conspícua mutação na evolução do Holismo, é uma síntese criativa na qual as mais antigas séries de todos os materiais orgânicos ou físicos são incorporadas com um recente (*fresh*) acesso ou emergência do Holismo e, portanto, um novo único todo de uma mais alta ordem que todos os todos que o precederam... Personalidade é a suprema incorporação do holismo tanto na sua tendência individual como universal. É a síntese final de todos os fatores operativos no universo em todos unitários, os quais, em sua unidade

e complexidade, constituem o grande enigma do universo. (Smuts, 1996[1926], p. 263)

A Personalidade, nesse contexto holístico, é algo sagrado, junto de uma bilenar evolução. Um ponto de chegada de toda a caminhada do Universo à procura de sua melhor forma que desembocou na Personalidade, centro máximo do agir humano. É muito pobre olhar a Personalidade ou estudá-la como algo que ocupa um corpo e é dotado de características por meio das quais o corpo revela a Pessoa que mora nele. A Personalidade é um presente do Universo ao Universo, assim como um(a) filho(a) maravilhoso(a) é um ótimo presente do pai a si mesmo. A Personalidade não pode ser vista como um fator ou um conjunto de fatores. Ela é a própria expressão da vida, porque a vida não é apenas o vivente, mas tudo que ela contém. Ela é a expressão individual e singularizada da caminhada que a matéria tem feito, milenarmente, até se constituir neste ou naquele indivíduo. Ela não é fruto do acaso, muito menos consequência da relação homem/mulher, seja em que nível for. Não estou falando da função Personalidade do Eu, mas do Eu da Personalidade que explicita o que ela é por meio da ação contínua do Eu.

A Personalidade humana contém nela tudo que existiu antes dela na evolução cósmica do Planeta. Isso não é apenas mental ou espiritual, mas também orgânico e material. São Todos novos de antigos Todos; as estruturas da matéria, da vida e da mente estão inseparavelmente misturadas nela e é maior que algumas ou todas elas [...] a máxima característica e certamente o mais importante elemento constituinte da Personalidade é a Mente. Sem uma mente consciente, no nível humano, a Personalidade não poderia existir [...] A vasta e talvez indiscutível importância do fator mental ou espiritual não deve cegar-nos, entretanto, para a continuação de outros fatores que constituem o corpo ou o organismo físico da pessoa humana. (Smuts, 1996[1926], p. 264)

É de uma concepção de Personalidade que nasce todo um agir pedagógico, funcional, físico e existencial e afeta toda a realidade. O construto Personalidade não é neutro, ele cria o que ele significa, torna-se um instrumento eficaz de mudança, de transformação do que ele toca. A questão, portanto, não é salvar a Terra, é salvar o homem, a Pessoa Humana, por meio de um profundo resgate do que significa Personalidade, porque é daí que nascem as Pessoas concretas que agem consciente e até inconscientemente sobre o Planeta e sua vida.

A verdade é que o construto Personalidade tem sido definido de mil maneiras. Definir construtos abstratos como Deus, amor, Personalidade não é uma questão epistemologicamente fácil, pela dificuldade de definir ou de isolar, na essência, o gênero e a diferença específica. O mesmo não acontece com coisas concretas de qualquer natureza, seja um vegetal, um animal ou a Pessoa Humana. A essência de algo é o que determina o objeto – que pode ser definido por indução ou por dedução, dependendo do silogismo que se propõe fazer quem define. A partir dessa dificuldade, Personalidade vem sendo definida de mil modos, exatamente porque, em se tratando de um construto abstrato, não se chega (ou os filósofos não chegam) a um acordo sobre como interpretá-la, pois, tendo a definição de contemplar sistemas, conceitos ou instâncias que compõem seres essenciais, nem sempre a Personalidade pode ser definida por inteiro e por igual.

Na prática, porém, as Pessoas têm um jeito de se referir à Personalidade, confundindo-a com outros atributos ou sistemas da Pessoa Humana, e, mediante essas considerações, assumem atitudes e ações de acordo com o conceito popular que reina na cultura circunstante. É necessário, nesse contexto, precisar o que entendemos por Personalidade para que possamos tirar desse construto o que ele significa, ontológica e praticamente.

Para ser conciso fui buscar nos dicionários, e não nos manuais de psicologia, definições de Personalidade.

> (Psicologia) Conjunto dos aspectos psíquicos que, tomados como uma unidade, distinguem uma pessoa, especialmente os que diretamente se relacionam com os valores sociais. [...]
> Personalidade de Base (antropologia): é a identidade cultural construída por meio de um padrão regular de manifestações psicológicas e comportamentais comuns aos integrantes de uma determinada sociedade. (*Dicionário Houaiss da Língua Portuguesa*, verbete "Personalidade", p. 2.196)

Allport define Personalidade: "Organização dinâmica dos sistemas que determinam o comportamento e o pensamento característicos de um indivíduo" (*Dicionário de Psicologia Dorsch*).

Dado que toda definição, em princípio, deverá fornecer os elementos necessários para sua operacionalização, entendo que as definições acima citadas permanecem mais no campo descritivo que operacional. Faltam-lhes os elementos existenciais claros e distintos que definem a essência do que seja Personalidade.

Uma definição tem de contemplar todos os elementos que constituem a essência do objeto em questão, resultado de um longo processo evolutivo. A história da constituição de uma essência passa, necessariamente, pela constatação dos elementos que ontologicamente a precederam.

Não estou falando de essências eternas ou de meros possíveis, mas de algo que aqui-agora precisa ser definido para ser entendido. Assim, proponho a seguinte definição:

Personalidade é um Todo indivisível e articulado em uma organização psicodinâmica dos sistemas ou instâncias animal, racional e ambiental que, interagindo em total e harmoniosa inter e intradependência, formam um campo unificado de forças como uma unidade de ação operacional, por meio da qual se expressam sentimentos, pensamentos e ações que caracterizam e configuram a Pessoa Humana, em permanente autoecorregulação.

Essa definição contempla as questões até aqui expostas do Holismo e da Ecologia Profunda, porque cria um campo teórico que nos permite visualizar o comportamento humano, bem como educá-lo para uma ação integrada de sustentabilidade do homem e do Planeta, enquanto evita a neutralidade teórica e a separatividade que as definições terminam por provocar entre Pessoa e meio ambiente. Uma definição não pode ser uma abstração, um jogo de palavras que fazem sentido entre si, mas não permitem a ponte entre o construto e a realidade.

A Personalidade, como afirma Smuts (1996[1926]), é o ponto final, ainda que provisório, de todo um processo evolutivo. Para chegar a esse momento, o ser humano passou pela fase do animal, do racional e do ambiental, tendo o ambiental sempre coexistido, ontológica e cronologicamente, com o animal e o racional, de tal modo que só por abstração e didaticamente podemos pensar em um separado do outro. Assim, animalidade, racionalidade e ambientalidade compõem os existenciais da essência da Pessoa Humana e não os existenciais metafísicos da Personalidade, que não poderia ser definida sem a inclusão desses três sistemas ou instâncias psíquicas. A ausência de "ambientabilidade" na definição da Pessoa Humana é, historicamente, responsável por toda a separatividade que o homem tem vivido na sua relação com o meio ambiente, do qual ele é feito e nasce, pelo qual ele é constituído tanto quanto de animalidade e racionalidade e contra o qual ele tem se comportado sem nenhuma amorosidade, sem nenhuma ética.

Segundo Smuts (1996[1926]), a Personalidade é um fator que ainda cresce no Universo, é como se estivesse na infância. Para ele, esse caráter incompleto é o responsável pelas intermináveis discussões e disputas teóricas de filósofos e teólogos, não se podendo esperar que cientistas, filósofos e teólogos entrem em acordo a respeito da natureza essencial da Personalidade.

> Contudo, não obstante seu caráter infantil e inicial, ela está silenciosamente desenvolvida e distinta, tornando-nos capazes de considerar seu comportamento e características fundamentais na interpretação não apenas da condução humana, mas de nossa concepção do Universo em geral. E sua característica fundamental é justamente essa totalidade que nos permite dizer que a Personalidade é uma forma ou atividade especial de Todo. (Smuts, 1996[1926], p. 297)

De tudo que falamos, soa claro que o construto Personalidade é estranhamente complexo e dificilmente uma definição conterá os elementos que definem sua essência. Temos a tendência a querer visualizar o que definimos, o que, neste caso, torna-se impossível, já que estamos diante de algo que é abstrato, mas cujo funcionamento nos permite delinear suas características. Como dissemos, a Personalidade é constituída de três elementos: animalidade (e aqui podemos ver um animal, mas não sua animalidade); racionalidade (e aqui podemos "ver" suas operações imateriais como a vontade, a inteligência em funcionamento, mas não a racionalidade); ambientalidade (também aqui podemos ver, de fato, o meio ambiente, mas não a ambientabilidade, embora possamos "ver" seus efeitos). Assim, a Personalidade continua algo que não pode ser visto, mas cujo funcionamento pode ser detectado e, de algum modo, percebido.

Quando usamos a definição de Smuts (1996[1926]) que afirma que a Personalidade é uma forma ou uma atividade especial de um Todo, estamos também dizendo que a Pessoa Humana é um Todo e animalidade, racionalidade e ambientalidade são seus atributos existenciais que produzem atividades especiais que caracterizam a Personalidade – que, por sua vez, é um Todo por meio do qual a Pessoa Humana se expressa. A Personalidade explicita a Pessoa Humana.

Nosso agir é solitário. Fazemos as coisas acontecerem e, se saem como o programado, nossa ação termina ali, sem uma reflexão posterior que conecte a ação a nosso ser mais íntimo. Agimos de acordo com demandas de fora, sem uma reflexão que conecte nosso agir com o sentido de sermos pessoas, de sermos uma Personalidade em atividade. Essa desconexão é a responsável pela frieza com que tratamos o que chamamos de meio ambiente, como se ele nada tivesse que ver conosco. Olhamos as coisas como coisas e não como algo que nos conecta com elas e elas conosco, porque, como já repetimos ao infinito, nada no Universo é coisa isolada, tudo está em conexão. Fomos treinados para sentir, pensar e agir de forma solitária. O sentir não importa ou importa pouco, ele tem de ser domado pelo pensar e, sobretudo, pelo agir. As consequências disso são fatais, pois, como é o sentir que nos transporta para as dimensões transcendentais da realidade, tratamos a realidade de maneira fria e racional, desconectada do Todo maior.

Quando falamos em mudança de paradigma ou em um paradigma diferente, não estamos falando de mudar nossa relação de qualidade com o meio ambiente, mas mudar o paradigma de nossa relação conosco. Sem a mudança desse paradigma, nossa relação com o mundo será sempre de dominação, de exploração, de separatividade, embora às vezes tingidas com cores de integração e mudança. A dita sustentabilidade do Planeta será vazia – ou, como se diz, uma conversa fiada ou para boi dormir – se as pessoas ou os ditos responsáveis pelo Planeta não assumirem que a prioridade absoluta não é a salvação do meio ambiente, mas sim a sustentabilidade humana, pois à base de todo esse comportamento está o fato consumado, individual e coletivamente, de que tratamos o meio ambiente como o outro, nada tendo que ver com a Pessoa Humana e, sobretudo, o desconhecimento de que o meio ambiente é uma das dimensões constitutivas do Eu e da Personalidade Humana.

Incorporar o meio ambiente, não só teoricamente, mas de fato, ao contexto psicodinâmico humano nos transporta para outra dimensão, também sabida, mas não interligada à noção de meio ambiente: a Espiritualidade. Isso significa que temos de recriar não apenas a noção de meio ambiente, mas também a própria noção de Personalidade e de Eu, porque esses três construtos são dessacralizados, i.e., expressam apenas e rudemente a materialidade que é parte do seu existir, não expressando a sacralidade que é ínsita a todo e qualquer conceito ou realidade.

> Manifestando o sagrado, um objeto qualquer torna-se outra coisa, contudo continua a ser ele mesmo, porque continua a participar do seu meio cósmico envolvente [...] Para aqueles a cujos

olhos uma pedra se revela sagrada, a sua realidade imediata transmuta-se numa realidade sobrenatural. Por outros termos, para aqueles que têm experiência religiosa, toda a natureza é suscetível de se revelar como sacralidade cósmica. O Cosmos na sua totalidade pode tornar-se uma hierofania. O sagrado está saturado de ser. (Eliade, 2002, p. 26-7)

Não estamos falando de uma leitura simplista religiosa do mundo, mas de uma releitura nova e diferente da realidade. Religião não é apenas re-ligar, mas é também re-ler. Essa leitura se perdeu ou, talvez, nunca existiu. Assim, o oxigênio é apenas uma substância química, mas podemos acrescentar algo a essa leitura, isto é, relê-lo, dizendo que o oxigênio é uma substância necessária à sobrevivência de qualquer Pessoa. O oxigênio pode ser lido como uma substância química, uma composição de gases que formam sua natureza, ou pode ser relido como algo criador que promove e mantém a vida de muitos seres vivos. E podemos fazer tal releitura com a natureza inteira. Buscar o aspecto transcendental de algo – i.e., suas potencialidades prontas para ser atualizadas pela nossa subjetividade – é descobrir todas as possibilidades que nele se ocultam e estão disponíveis para ser usadas de maneira a favorecer a qualidade de vida das pessoas e do Planeta.

Quando dizemos holisticamente que tudo é um Todo, estamos dizendo da importância de ver as coisas não como partes de outras coisas, mas em si mesmas, como potencialmente capazes de se expressarem de mil modos e não apenas de acordo com aquela parte nelas que nos interessa naquele momento.

A Natureza e o Cosmo se tornam transcendentes, sagrados, espiritualizados quando, ao contemplá-los, vamos além de sua materialidade e descobrimos neles todas as suas qualidades, como possíveis caminhos de um cuidado diferente do Planeta. O Cosmo se transforma numa hierofania, na própria expressão do sagrado, saturado de ser, isto é, de possibilidades, porque o que vemos nas coisas é infinitamente menor do que na realidade elas contêm. Vemos nelas apenas aquilo que, no momento, nos interessa, e nos esquecemos das mil possibilidades que elas encerram de nos serem, amorosamente, úteis.

A primeira e mais necessária releitura é a de que o meio ambiente é constitutivo de nossa essência humana. Ele não é uma coisa que pode ser violada, depredada, saqueada, porque, quando fazemos isso, estamos violando, depredando, saqueando nós mesmos.

> A manifestação do sagrado funda ontologicamente o mundo. Na extensão homogênea e infinita, onde não é possível nenhum ponto de referência e, por consequência, onde *orientação* nenhuma pode efetivar-se, a hierofania revela um "ponto fixo" absoluto, um "centro", que dá sentido a tudo. (Eliade, 2002, p. 38)

Na verdade, no mundo atual, pós-moderno, perdemos as referências. Tudo é possível, é viável, é factível, não importam os meios. Mais do que nunca um "o fim justifica os meios" campeia, silenciosamente, em quase todas as áreas humanas, para não dizer desumanas. Perdemos a noção protetora do que é limite. O fim justifica os meios. Vivemos "uma extensão homogênea e infinita, sem nenhum ponto de referência" a não ser a vontade construtiva do homem, porque tudo começa a parecer tão absurdamente material que a ética e os valores reais simplesmente não são mais pensados. O mundo perdeu seus referenciais de autocontrole, ou seja, a noção de limites, e ainda não encontrou outros ou talvez dificilmente os encontre, pois tal é a velocidade com que os homens mudam, transformam as coisas, que apenas um referencial se estabelece e é logo substituído por outro ou para outros.

Nesse contexto, parece que nenhuma orientação se torna possível. Em meio a tudo isso, parece que a ideia do sagrado poderia, sendo atemporal e espacial, ser um parâmetro por meio do qual o limite poderia se estabelecer – não o limite que proíbe, que constrange, mas o que liberta, que cria uma intenção nova.

Criar virou rotina, virou moda. São milhões de coisas que surgem a cada hora, surgem do nada e, muitas vezes, para o nada. Não servem para nada, mas constituem um lixo que enche, diverte, modifica e estraga o Universo. As coisas aparecem como por geração espontânea. Ninguém sabe quem as criou, de onde vieram, a que servem. São um lixo caro, cada vez mais caro, procurado, isolado, substituído, deixado de lado. Perdemos o sentido do que e do para que as coisas são criadas. A esse fenômeno chamamos ausência do sagrado, porque o sagrado funda ontologicamente o mundo, isto é, lhe dá sentido. Pensar sacralmente o mundo é encontrar um ponto fixo, um centro a partir do qual tudo tem e faz sentido. Introduzir o sagrado é descobrir, é desvelar a transcendência contida em todo ser; é mostrar que todo objeto, toda coisa além de ser ela é também milhões de possibilidades e desperta as pessoas para descobrirem em tudo todo o poder de transformação que as coisas contêm.

Não precisamos barrar a caminhada que a humanidade está fazendo, temos de relê-la, sacralizá-la. Sacralizar é descobrir o centro, o ponto fixo presente em todas as coisas e que se chama transcendência – por meio dela cada um de nós, em minúsculos passos, não importa, superamos nossos próprios limites na nossa relação com as coisas e

com o próprio Universo. Quando entendemos que a Mãe-
-Terra não é apenas um Planeta, mas a casa onde moramos
e que, por isso, temos de cuidar dela, transcendemos na
direção de uma melhor qualidade nossa e dela. "Não se
pode viver sem uma abertura para o transcendente, por outros termos, não se pode viver no 'caos'. Uma vez perdido
o contato com o transcendente, a existência do mundo já
não é possível – e os Achilpa deixaram-se morrer" (Eliade,
2002, p. 47).

O mundo moderno perdeu a noção de transcendência.
A poluição, as queimadas, a destruição dos ecossistemas, a
produção desesperada de objetos inúteis, o consumismo,
a violência urbana, o aumento desesperador do lixo são
formas materializadas da vida moderna – que, muitas vezes, são até questionadas, mas não conseguem produzir os
efeitos do que se está chamando de sustentabilidade do
Planeta. A sustentabilidade do Planeta passa por uma autêntica conversão do homem na sua relação com o Planeta, porque não é ele que precisa ser salvo, e sim o Homem.
O Planeta não precisa ser salvo, pois ele, se deixado em
paz, se conduz maravilhosamente.

A autorregulação planetária é a lei fundamental da Terra, que, nesse sentido, precisa ser salva das garras desrespei-
tosas do homem. A dominação do homem sobre o homem
passa, infelizmente, pelo desrespeito pela terra, porque ela
é usada pelo homem para dominar outro homem. O homem, na sua relação com a terra, desconhece a noção de
sagrado, de transcendência. E, quando ele mergulha na
materialidade estática das coisas e faz dela seu ponto de
partida e chegada, introduz o caos no Planeta, pela perda
total de um horizonte que transcende a materialidade imediata dele e das coisas. O homem se vê como uma realidade
distinta do Universo. São duas realidades distintas, separa-

das: ele e o mundo. Um não tem nada que ver com o outro. Antes, um deve dominar a terra, usá-la de acordo com seu capricho. Vivemos uma realidade em que o homem é o centro do Universo, ou seja, um homocentrismo autoritário e avassalador. O homem vê a terra como o outro, o diferente dele.

Um paradigma diferente, porém, está surgindo: um ecocentrismo, a terra, a Terra-Mãe como centro vivo de tudo e de todos em íntima e respeitosa relação com ela. Ela gera tudo, inclusive, e sobretudo, o Homem, a quem compete olhar para ela e, amorosamente, cuidar dela. Isso é o que estamos chamando de volta ao sagrado, ao transcendente, por meio do qual o homem se autossupera, vendo primeiro a terra e depois ele; sabendo que ao preservar a Mãe-Terra ela jamais deixará faltar nada a seus filhos. A Terra está morrendo e nós com ela. Resgatar o homem dele mesmo é abrir uma profunda esperança de salvar o Planeta.

> A cosmogonia é a suprema manifestação divina, o gesto exemplar da força, de superabundância e de criatividade. O homem religioso é sedento do real. Esforça-se, por todos os seus meios, por se instalar na fonte mesma da realidade primordial, quando o mundo estava *in statu nascendi*. (Eliade, 2002, p. 92)

O homem religioso é o homem em estado puro, primitivo. Assim, o raio não era para ele uma faísca elétrica, mas a voz de Deus que lhe queria dizer alguma coisa. Tudo era relido de acordo com suas necessidades e sua inclusão no mundo. O homem moderno dessacralizou o raio: este é uma faísca elétrica e basta. E assim dessacralizou tudo e, sobretudo, ele mesmo. Perdeu contato com a fonte primeira de todas as coisas, Deus, e se tornou, ele mesmo, essa fonte primeira. O caos está introduzido no mundo. A Terra não é criação de ninguém, ela simplesmente está aí, tentando se autoexplicar por meio da ciência. Não existe uma cosmogonia, onde tudo é novo, onde tudo nasceu hoje, onde tudo precisa ser explicado. Não, o Homem explica a Terra, sua origem, ele que não estava lá, há 13,7 bilhões de anos, pensa, se autoengana, se autoexplica e com ele o Planeta.

Numa visão cosmogônica do mundo, o homem se coloca entre parênteses, suspende todo seu conhecimento anterior e olha o mundo como se ambos tivessem sido criados juntos, hoje, e tudo tem de ser aprendido. As funções antigas caducaram, todo o conhecimento anterior não serviu para nada, o homem não conseguiu ver o Planeta e agora se coloca diante dele feito um mistério a ser desvendado. E ele o fará com toda a humildade, com toda a reverência que o Planeta merece. O mundo, nessa dimensão, está *in statu nascendi* (em estado de nascer), acaba de nascer, de ser criado. E aí ele se vê pequeno, ignorante, e o mundo como força, superabundância e criatividade. É desse sagrado ritual cosmogônico que o homem moderno está precisando. Quando se descobre o sagrado incrustado em todas as coisas, elas mudam; são como que constituídas novamente, ontologicamente. Elas continuam sendo o que são (um raio é um raio), mas não estão mais o que eram (o raio, agora, é a voz de Deus). Esse redimensionamento de tudo significa que elas foram de novo recriadas.

Talvez possamos falar de uma transcendência ecológica, na qual um objeto, sem deixar de ser ele mesmo, é elevado a uma categoria diferente, talvez superior, por meio de níveis profundos de contemplação. Falta-nos uma visão transcendental do mundo, do meio ambiente. Normalmente olhamos as coisas como objetos que nos servem, sejam elas o que forem. Quando uma coisa não nos serve, simplesmente a abandonamos, sem nos preocupar com o fato de que nenhuma coisa tem apenas uma única finalidade. Transcendência é descobrir as infinitas possibilidades que as coisas encerram em si. É, por assim dizer (criando palavras), sair de uma simples coisificação para uma espiritualização das coisas, ou seja, descobrir todas as coisas como todos, como totalidades, e, como tais, capazes de responder diferentemente a cada uma das partes de cada pessoa, a partir de suas partes ou potencialidades. Tudo muda. E, como tudo muda, toda coisa muda, nenhuma coisa é absolutamente só ela, neste exato momento, pois o que uma coisa revela de si é infinitamente menor do que as possibilidades que ela encerra. Perdemos o hábito de ir além das aparências porque é lá, além das aparências, que a realidade, como-um-todo, de fato, acontece.

Transcendência e Espiritualidade andam juntas, sendo a Espiritualidade um estado e a transcendência um processo, um movimento à procura de sua melhor forma. O estado de Espiritualidade será, então, a melhor forma de transcendência.

Quando entro em profundo contato com o meu ser, por meio da oração, da meditação, de um silêncio reverente, estou transcendendo minha materialidade e/ou a materialidade das coisas que me cercam e, nessa condição, me dou conta de uma entrega total de busca de mim mesmo no mais recôndito do meu ser, percebo-me como se não existisse, mas em profunda união com o Absoluto que mora em mim, e aí me encontro no mundo da Espiritualidade.

A Espiritualidade-estado não é algo parado, estático, que só recebe. A Espiritualidade é um centro interno, como uma praça de uma cidade pela qual ela é reconhecida, que cresce cotidianamente à sua volta. A Espiritualidade é um lugar existencial, místico, até misterioso, que cresce a cada instante. Quero dizer que a espiritualidade tem cara, não é amorfa, é dinâmica, existe em permanente mudança, é algo do ser humano, é uma condição humana e se revela nos mais pequenos detalhes ou coisas.

Uma pessoa espiritualizada não é um santo, embora um santo seja sempre uma pessoa espiritualizada, porque foi pela Espiritualidade que ele atingiu a santidade. Uma pessoa espiritualizada é alguém atento a si mesmo, cuidadoso da melhor forma de fazer contato, que não está fixado na rigidez, que flui na diversidade das coisas, que se percebe no e do mundo, pertencendo ao mundo, mas em constante transcendência, que aspira superar a si mesmo e vê, até nas pequenas coisas, possibilidade de crescer, de se tornar ele mesmo cada vez mais.

Apesar de extensa, a citação que segue mostra essa versatilidade do movimento criador entre transcendência e Espiritualidade.

> [...] quando vivenciamos o fascínio do amor, fazendo a experiência de um valor absoluto, capaz de transfigurar; fazemos da pessoa amada uma diversidade, transformamos o brilho do sol em ouro em cascata e transformamos a dureza do trabalho em uma prazerosa ocupação [...] caminhar pela praia, arrastando os pés na areia; contemplar a constelação de escorpião na noite estrelada de inverno; apreciar a florada do ipê roxo no segundo luamento do inverno; sentir a pele acariciada pelo sol; estreitar o corpo da mulher amada nos braços e sentir o frescor da madrugada tocando a própria alma. Viver cada detalhamento da vida e transcender a espiritualidade que brota em nossa vida de modo único e grandioso. Fazer com que cada momento transcenda a própria dimensão espiritual e que nos faça homens transformados em Deus ou crianças eternas que, a despeito das vicissitudes e percalços do caminho, ainda mantêm um sorriso de doçura e alegria. (Angerami-Camon, 2004, p. 228-9)

Quando conseguimos fluir dessa maneira, quando conseguimos saborear o meio ambiente transformado num sopro de vida, viver cada momento tirando dele aquele algo a mais que ele sempre nos pode fornecer, estamos em movimento de transcender e estamos acumulando milhagens para o mundo da Espiritualidade, como aquela praça ao redor da qual a cidade da Espiritualidade cresce cada vez mais. Somos Espiritualidade transcendente.

Esse jeito de sentir, de pensar, de fazer e de falar é o que podemos chamar de *Espiritualidade holística*, por ela se expressar pelo mais profundo respeito aos três básicos princípios do Holismo – tudo afeta tudo, tudo muda, tudo é um Todo –, que vividos existencialmente nos remetem às mais profundas camadas de nosso ser, sem que tenhamos de fazer milagres, mas apenas nos deixando acontecer amorosamente, como pertencendo ao Universo.

Fica cada vez mais claro para mim que o mundo da transcendência e da Espiritualidade é o mundo das Gestalten plenas, bem-acabadas e da melhor forma.

2. Contato, transcendência e espiritualidade

SOMOS, ESSENCIALMENTE, SERES DE RELAÇÃO, e isso é uma propriedade constitutiva da Pessoa Humana. Estamos no mundo, somos do mundo e, entretanto, nos relacionamos com ele como se fôssemos duas realidades distintas, embora, por natureza, intradinamicamente interligadas. Mundo e Pessoa não podem ser pensados isoladamente. Um é função do outro. Mundo/Pessoa se constituem em um imenso campo unificado de forças. Assim como as árvores são filhas da terra, o homem é filho da terra e é por ela constituído no Universo. Não se trata de uma opção, é assim. E o que o diferencia de uma árvore é o modo como ele se encontra com uma realidade cósmica mais ampla do que ele e que o constitui. Somos do mundo, pertencemos a ele, assim como os mares e as estrelas. Estou falando de um paradigma diferente, de um macroencontro de múltiplas relações existentes entre os seres do Universo e cujo encontro determina a natureza do processo evolutivo a que todos, em fases diferentes, estamos sujeitos.

O encontro é uma *conditio sine qua non* para que o contato aconteça. Assim, todo contato supõe encontro, cuidado e presença, embora nem todo encontro se transforme, necessariamente, num verdadeiro contato. O contato é o instrumento pelo qual duas realidades diferentes mergulham uma na outra à procura do que de igual elas possuem, e por meio do qual elas podem se encontrar. Na verdade, contato é mais que o encontro harmonioso e transformador de duas diferenças. É o encontro e a aceitação de duas igualdades por meio das quais as diferenças, que residem em todas as coisas e as distinguem, são ressignificadas, dando-lhes singularidade – moldura que revela a realidade objetiva das coisas.

Diferenças, portanto, mais que igualdades, são os grandes atrativos para que duas realidades se encontrem e, pelo contato, se transformem em uma unidade de sentido. O significado, entretanto, excede o sentido que o encontro das diferenças revela. Ele é resultado da intuição que nasce do encontro das diferenças, conduzindo o observador a um encontro com uma totalidade buscada e que faça sentido para ele.

O encontro e o cuidado são os instrumentos por excelência do contato. Sem um real encontro não existe contato, mas, mais que encontrar o outro ou com o outro, o contato é, essencialmente, encontro comigo mesmo. Eu sou o objeto primeiro do meu encontrar, pois, se não me encontro primeiro, dificilmente encontrarei o outro. Fazer contato é mergulhar, em primeiro lugar, nas profundidades do meu ser, do meu sentir, do meu pensar, do meu fazer, para, em seguida, me encontrar com o outro.

O contato com o outro, entretanto, só acontece plenamente quando mergulhamos na essência do objeto que se oferece à nossa observação, quando passamos da coisa-em-si para o em-si-da-coisa, quando transcendemos a simples aparência do objeto observado. Fazemos um contato pleno e transformador quando encontramos a alma do outro, quando somos dois em uma só alma à procura da compreensão e da experiência de uma realidade única que nos cerca. Por mais que esteja com o outro, que o trate com delicadeza e ternura, se sou Eu o ponto de partida, estou tocando o outro, mas não o estou contatando. O processo de um contato pleno acontece quando faço do outro meu ponto de partida, meu ponto de encontro, meu ponto de chegada.

Estamos distinguindo experiência de vivência, que envolvem níveis diferentes de contato. A experiência de algo mantém a Pessoa na superfície do objeto ou da Pessoa em questão. Experimentar algo é tocar as quantidades do objeto observado, é ver seu tamanho, cor, gosto e outras quantidades. A vivência de algo é diferente, supõe e exige entrar nas qualidades do objeto observado ou em questão. Perceber a beleza, o cuidado, a admiração, o encantamento do outro ou pelo outro são sensações internas que demonstram o nível da vivência sentida e também são qualidades que facilitam o processo da transcendência, que desemboca na Espiritualidade.

Experimentar algo é encontrar as quantidades, os acidentes de algo. Vivenciar algo é entrar na substância mesma do objeto e senti-lo por dentro. Talvez possamos resumir dizendo que experimentar algo é se encontrar com a realidade, assim como vivenciar é estar emocionalmente em contato. Transcender vem do latim *transcendo, transcendere*, que significa passar além subindo, transgredir, entrar em casa, transpor.

O contato simples supõe um envolvimento em que, de algum modo, observador e observado se mantêm como figura, ou em que o outro é simplesmente o objeto de minha atenção. Quando mergulho no lado de lá à busca de sua essência, de sua alma, e do lado de cá vou perdendo a observação externa e quantitativa do outro na sua relação comigo, para me incluir nele, aí entramos em contato, de tal modo que não existe mais figura e fundo, mas figura/fundo, isto é, dois seres se fundem e se confundem psicodinamicamente.

Nesse estado, as pessoas não perdem sua individualidade e singularidade, pois é a sensação de autopermanência e a inviolabilidade desses atributos que permitem às pessoas se encontrarem no nível da reciprocidade. Sem essa preservação, estariam numa profunda confluência, cuja característica é exatamente a perda das diferenças e a "destruição" do contato. A diferença mora na igualdade. Quando se perdem as diferenças, surge um imenso igual, que massifica as pessoas, que destrói a beleza da singularidade e da individualidade, dando lugar a todo tipo de controle. Nesse sentido, só quando se perdem as diferenças duas pessoas se tornam iguais.

Entrar em contato é, portanto, perder-se cuidadosamente em si e no outro, no sentido de não querer e de não desejar nada, mas apenas se perceber e se experienciar como uma totalidade e, nessa dimensão, experienciar o significado do viver do outro. Só quando o outro "perde" para mim sua aparência, deixando de ser um simples fenômeno para ser um sentido e um significado plenos, é que entrei em contato com ele. Enquanto meu desejo e minha curiosidade forem o instrumento que me aproxima do outro, forem o meu guia, ainda não terei contatado o outro de verdade, por mais honesta e humana que essa atitude possa ser.

Esse jeito de ser, de funcionar, é a base da transcendência e da Espiritualidade. Lidar com a realidade sem procurar nela o que nos interessa, mas descobrindo o que ela tem a nos apresentar. Esse jeito de ver, de descobrir a realidade por meio dela, é a verdadeira fenomenologia da percepção. Transcender é chamar o fenômeno em causa, é esgotá-lo com base nele, é deixar que ele revele à nossa consciência todas as suas possibilidades, por meio das quais ressignificamos a realidade, como uma recriação ontológica da realidade. Não interpretamos a realidade, descrevemos sua manifestação cada vez mais livre à medida que nos abrimos para acolher seus novos significados.

É com base nessa dimensão que podemos definir Gestalt como uma terapia fenomenológico-existencial, como terapia do contato, porque só quando intuímos a totalidade existencial das coisas entramos, finalmente, em contato com ela. Gestalt só tem sentido como terapia do contato à proporção que se transforma numa terapia que tem na busca da totalidade do outro sua verdadeira dimensão. O contato mora na apreensão da totalidade do outro, e é aí que uma Gestalt se torna plena, relacional, cheia. Se o contato pleno só se realiza na apreensão da totalidade, e sendo Gestalt contato, podemos dizer que Gestalt é uma terapia de totalidade.

Estamos falando de uma totalidade aqui-agora, ou seja, de uma totalidade possível, pois a totalidade plena, enquanto percebida, seria o encontro metafísico da existência e da essência de um objeto. Jamais chegaremos aí, nem conceitual nem operacionalmente. A apreensão dessa totalidade possível, relativa, é o momento do *insight*, é o final de uma caminhada de buscas e procuras, um estado de espírito, enfim, em que temos a sensação de ter chegado até onde era possível alcançar.

Somos feitos para essa caminhada, esse é o nosso destino, caminhar por mil partes, por mil detalhes, até constituirmos a totalidade que nos é possível, restando-nos um infinito caminho a ser percorrido à busca de um significado final.

Somos imanência e impermanência, é essa realidade que nos permite transcender. Isso significa que a busca do infinito, do perfeito, nos persegue, é nosso destino. Não temos liberdade para ficar parados, pois somos, em essência, seres em movimento, por isso somos necessariamente livres. Liberdade significa movimentar-se, por isso não se ganha, se conquista. O movimento é o sinal evidente de que estamos vivos. Se viver é movimentar-se, viver é ser livre e vice-

-versa. Movimento e liberdade andam de mãos dadas. Não nascemos para a mediocridade. Somos chamados para a superação de nossos limites, a todo instante. A busca do sentido último das coisas é nosso supremo chamamento, é a condição humana da qual não podemos fugir.

Transcendência não é algo lá bem longe, um lugar de iniciados, onde todos querem chegar, mas não sabem como. Transcendência é feita de minúsculos passos, de superações banais cotidianas. Exige um permanente movimento sincrônico do pensar, do sentir, do fazer, do falar, no sentido de sempre dar um passo a mais, de uma consciência cada vez maior de onde se está, de uma angústia amorosa consigo mesmo, numa eterna busca de superar possibilidades cada vez maiores que as do dia anterior.

Temos dito que o contato está além do toque, além mesmo até de um interesse verdadeiro pelo outro. Contato é imersão na busca do sentido de si mesmo, em primeiro lugar, e depois na busca do sentido do outro, numa saudável confluência pela mistura de duas diferenças, pela intuição antecipada de duas igualdades. A transcendência pode também aparecer em forma de toque e de contato. Como toque, é lidar com o outro como um Isso – é como subir um degrau sem nos preocupar com a escada da qual ele faz parte. Como contato, é lidar com o outro como um Tu – é subir o degrau na certeza de que, quanto mais subimos, mais temos uma paisagem por meio da qual nossos olhos poderão se perder nos horizontes que se abrem à nossa frente, e mais ampliamos a consciência na busca da verdadeira natureza do objeto procurado.

Transcendência, Espiritualidade e contato são a trindade que pode conduzir a Pessoa Humana ao verdadeiro sentido de si mesma, percorrendo os mais complexos caminhos do contato.

Transcendência, um momento e um processo de superação de um limite, de uma marca anterior, em que a Pessoa, ao descobrir suas possibilidades internas, ultrapassa uma conquista anterior, porque atraída pela fascinação da totalidade, que é onde reside, de fato, o verdadeiro sentido das coisas. Um passo para a frente e para cima, não importa o ponto de chegada, mas o caminho que se percorre. Não existe ponto de chegada, existe um eterno caminhar; não uma caminhada para algum lugar, mas na direção de si mesmo, no mundo.

Espiritualidade, um momento, um processo, um estado em que a pessoa transcende a materialidade das coisas, penetra no mundo da imaterialidade das qualidades das coisas, as relê e, ao relê-las, religa-as ao mundo dos novos significados que se ocultam no sentido das coisas. Olha as coisas à tua frente, descobre sua materialidade, seu tamanho, seu peso, sua cor. Transforma o objeto observado em uma metáfora, voa, o raio é a voz de Deus, contempla, agora, seu novo significado. Estás no mundo da transcendência. Transporta-a para além deste lugar, conecta-a com os limites dela mesma e estarás no mundo da Espiritualidade.

Se Espiritualidade é a totalidade plena intuída, experienciada e vivida, e Gestalt é definida como totalidade plena, podemos dizer que totalidade, Espiritualidade e Gestalt se encontram sob o mesmo campo.

Contato, no seu mais radical sentido, é um momento, um processo, um lugar, uma configuração por meio da qual podemos ascender da transcendência para a Espiritualidade mediante a percepção profunda das relações das partes em determinada totalidade. É por meio dele que experienciamos a passagem da materialidade para a imaterialidade das coisas, que é lugar onde tudo encontra seu verdadeiro significado, de tal modo que a dimensão humana dessa percepção reflita a percepção plena do objeto observado.

Contato, um momento e um processo de experiência de fora para dentro e de dentro para fora, em que duas realidades experimentadas se encontram, deixam-se tocar no mais íntimo de seu ser e condividem a vivência de um encontro transformador.

O caminho da Espiritualidade é o caminho do contato pleno, por meio do qual tudo pode ser ressignificado à medida que se descobrem as potencialidades ocultas em cada ser. O caminho da Gestalt é o caminho do contato pleno, por meio do qual tudo revela seu sentido primitivo e sua possível aplicabilidade. Assim, contato é caminho tanto para a Espiritualidade como para a compreensão do que é uma Gestalt.

Gestalt e Espiritualidade, portanto, têm que ver com uma caminhada de uma constante busca de novos significados, por meio dos quais o homem entra em contato com o mais íntimo de si mesmo, em sua contínua procura de se localizar no Universo, reinventando e multiplicando o significado original das coisas. Indo além de si mesmo, ele entra em contato com as mil possibilidades que as coisas encerram. Nossas descobertas, entretanto, jamais esgotam as infinitas possibilidades que as coisas contêm, inclusive de revelar, por um processo pessoal de encantamento ante a majestade simples das coisas, a expressão da mão criadora de Deus e sua intenção original ao criá-las.

Podemos imaginar que Deus, ao conduzir o processo evolutivo do Universo até o surgir das estrelas, da flor, do sapo, da mulher, tenha agido com divina displicência e espontaneidade, tendo-os criado apenas por criar, deixando a eles encontrar sua própria destinação, ou, ao contrário, que Ele tenha tido uma vontade ou uma noção precisa de para que os criou. A grande questão que se coloca é: como saber que intenção ou vontade divina é essa e qual é sua relação conosco, no manejo do Universo? Transcender é uma tentativa de responder a esse apelo original presente em tudo, porque pela transcendência vamos nas duas direções: na nossa, ao descobrir que tudo encerra um grande mistério a ser descoberto; na Dele, porque no caminho do mistério Ele vai estar em algum lugar, como um ponto de passagem.

Esse caminho de procura e descoberta é composto de três estradas: a do contato, a da transcendência, a da Espiritualidade. Ou seja, o contato é a porta para se abeirar do sentido de totalidade em que se escondem as mil possibilidades de expressão da vontade divina; a transcendência é o caminho para a superação do contato para mais se aproximar desse lugar, e a Espiritualidade é o encontro do nosso significado humano com a intenção original de Deus. Esse é o processo humano do encontro possível da recriação ontológica do sentido do ser a partir da intenção original de Deus. Para além disso está a graça.

O caminho para a experiência e vivência da Espiritualidade é a recuperação do verdadeiro sentido das coisas, daquela intenção originária última ou intenção divina ao criar todas as coisas e lhes dar um nome. Quando uma coisa se realiza plenamente por meio de seu nome, efetiva sua essência pela superação dos atributos que, aparentemente, dão sustentação à sua dimensão material, explicitando com mais clareza as possibilidades que sua dimensão espiritual contém. Aqui também temos um duplo caminho: o da autorrealização por meio de si e o da autorrealização por meio do outro. Os dois caminhos supõem um "passar além subindo", em ambos os casos estamos no campo da transcendência. De um lado – a autorrealização pela superação dos próprios limites por meio de uma "transgressão" –, deixamos a estrada oficial e pegamos um atalho para só depois retornarmos à estrada convencional; de outro – a autorrealização por meio do outro como "um entrar na própria casa" –, deixamos de ser hospedeiros de outro significado para encontrar a plena realização de nós mesmos.

Espiritualidade é um processo, um momento mágico, uma experiência interna, subjetiva, uma consciência plena, uma intuição por meio da qual nos encontramos conosco e com o outro-Pessoa-mundo, transcendemos todos os acidentes e nos reencontramos com a substância mesma das coisas, com a substância constitutiva da coisa em relação. Intuir algo ou a intuição de algo é o momento da consciência metafísica da totalidade do outro, assim como ela chega à consciência, de tal modo que sujeito e objeto se confundem sem perder sua singularidade ontológica. Aqui desaparece toda materialidade do objeto em questão, e, nesse sentido, a Espiritualidade se coloca para além da transcendência.

Espiritualidade implica um processo – que pode sempre ser cada vez mais pleno e completo – de aproximação do sentido último das coisas. Talvez o êxtase seja um dos momentos mais plenos de Espiritualidade, porque nele se perdem todos os acidentes, todas as quantidades, e se atinge a qualidade mesma e plena do objeto experimentado. Assim, Espiritualidade é uma configuração perfeita, uma boa forma do contato pleno entre uma procura e um achado, entre dois significados, uma intersubjetividade em que os dois sujeitos "perdem" seu sentido para se reencontrarem plenamente no seu significado.

Se Gestalt-terapia é definida como terapia do contato e Espiritualidade é definida como contato pleno, podemos afirmar que Gestalt pode ser também definida como terapia de Espiritualidade. O contato só pode plenificar-se à medida que o sujeito, sem se perder de si, sai de si, de suas expectativas e desejos, penetra no mundo do outro à busca do ser dele, da natureza e da essência dele, deixando de lado seus próprios *a prioris*, numa verdadeira *epochê* existencial, e acolhe o outro assim como ele é. Assim, ele transpõe sua materialidade, seu desejo, seu aqui-agora, para acolher o espírito, a alma, a totalidade do outro que chega a ele pela percepção das mil partes dele e do outro com as quais ele se funde e se confunde na eterna busca da totalidade do seu ser.

Podemos distinguir, mais uma vez, contato de toque, dizendo que contato é um processo intrassubjetivo – no sentido de que é o dentro de duas pessoas que se encontra e se funde, sem jamais levá-las a perder a singularidade de sua individualidade –, ao passo que o toque, por mais delicado que seja, se mantém sempre como uma relação intersubjetiva, no sentido de que cada um permanece onde está. Assim, afirmamos que o processo psicoterapêutico consiste em passar do toque ao contato, de uma inter para uma intrarrelação na qual, de fato, o encontro acontece.

Contato e Espiritualidade são formas mágicas de confluência em que duas realidades, sem se perderem de si mesmas, vão uma na direção da outra. O ser de uma encontra o ser da outra e, assim, o que de igual existe entre elas se encontra, permitindo a partir daí que suas diferenças transcendam na direção da busca recíproca do sentido último que as aproxima e une.

Só se consegue transcender as diferenças entre duas pessoas quando o igual que existe entre elas é rico de significado. Posto isso, quanto mais se ama o igual, menos as diferenças incomodam. Assim, quando se transcende o igual, as diferenças mostram toda sua riqueza. A diferença é aquele *plus* que as pessoas percebem entre si, às vezes, sem poder identificá-lo. A vivência do diferente recria uma realidade com base em outra realidade, constituindo-a ontologicamente e abrindo caminho para o encantamento diante do novo e para a experiência da Espiritualidade presente, já, no campo.

Espiritualidade e contato são dois processos de aproximação de uma realidade que se busca compreender como tal, como um dado bruto para a consciência, para, num segundo momento, à medida que a consciência dessa realidade se amplia, começarmos a fazer uma leitura do seu "dentro" – isto é, como algo relacional, de tal modo que, ao desvelar-se, a consciência se transforma em intuição que sorve a essência do objeto contemplado, sendo ele recriado por meio de um novo significado.

O mundo da Espiritualidade é o mundo do contato pleno, em que o ser-do-outro foi absorvido plenamente pelo estado de contemplação de quem contempla. Contemplar é ver todas as possibilidades que o outro oferece, é transcender a materialidade imediata do dado bruto, é enxergar sua alma, seu mais profundo interior, seja de uma coisa ou de uma pessoa. Contemplar é enxergar as coisas com os olhos do seu Criador, sugando no ser todas as gotas de suas possibilidades de ser e de se fazer revelar.

Na verdade, não contemplamos as coisas, apenas as vemos, e assim perdemos as infinitas possibilidades que elas encerram de transcender seu dado bruto como chega aos nossos olhos. Ver é ver com os olhos; transcender é contemplar, por meio do olhar, a alma do que é contemplado.

Ver as coisas é apenas tocá-las, contemplá-las é contato. Ver é tocar as aparências das coisas, contemplar é transcender a materialidade delas e encontrar-se com o seu espírito, isto é, com seu último, mais profundo, fecundo e criador significado.

Espiritualidade é um processo e uma vivência de momentos de contemplação em que uma experiência primitiva – isto é, o sentido originário de algo – se imbrica com o sentido último da procura do sujeito. Materialidade é um processo ou momento em que nos detemos na aparência das coisas, lidando com ela como causa e efeito da realidade circunstante, buscando nela toda a quantidade de informações que ela pode nos dar, para que a possamos controlar.

Espiritualidade plena, como contato pleno, passa pela experiência da observação da realidade e pela vivência afetiva, emocional, imediata e vivida dessa realidade, pois Espiritualidade e contato não são meras abstrações, como algo que se olha de longe e de que, no entanto, se deseja chegar perto.

Nós somos um corpo espiritual, somos espiritualidade viva, existindo, nos possuindo em maior dimensão e profundidade quanto mais entramos em um contato transformador conosco, com o outro e com o mundo. Assim como o contato não é algo fora de nós, mas somos o contato que fazemos, somos também Espiritualidade encarnada, que se expressa por meio de nosso ser das mais diferentes maneiras.

Estamos numa área de extrema complexidade, sendo difícil entender a extensão de nossas possibilidades. Para uma maior compreensão do fenômeno Espiritualidade, fizemos uma distinção básica entre Espiritualidade, mundo da espiritualidade e mundo do espírito.

Espiritualidade, como já dissemos, é o mundo do transcendente, da transcendência, como um estado de intuições primárias, no qual ressignificamos todas as coisas, constituindo, por assim dizer, uma nova ordem de significados. Um trovão, por exemplo, deixa de ser um trovão para ser a voz misteriosa de Deus. É a passagem do profano para o sagrado.

O **mundo da Espiritualidade** é o mundo dos fenômenos do espírito que transcendem nossa corporeidade, fazendo-nos entrar no mundo dos níveis da imaterialidade. Está intimamente ligado a e é dependente da relação corpo/Mente, que nos projeta no mundo da transpessoalidade. É também o mundo dos estados alterados de consciência. Uma pessoa está falando para um grupo, por exemplo, e de repente alguém a vê se transformando num ancião, num índio velho ou alguém vê que as pessoas estão cercadas de índios, como em um ritual indígena.

O **mundo do espírito** é aquele no qual a relação corpo/Mente/ambiente se torna de tal modo sincrônica e intensa que produz uma energia de transformação da ordem da imaterialidade, capaz de produzir efeitos e de agir na matéria de maneira direta e eficiente, utilizando canais materiais. Um exemplo é a imposição de mãos, capaz de, em poucos minutos, restabelecer o equilíbrio numa situação de dor ou curar um tumor; efeitos que em princípio pareciam impossíveis.

O processo de ressignificação da realidade à nossa volta – e, nela, o que nos toca mais de perto – extrapola um mero ato de percepção cognitiva ou o que a nossa vã ciência pretende conter ou explicar. A Espiritualidade ou um momento de experiência e vivência da Espiritualidade implica, num primeiro momento, a apreensão da coisa como tal. Num segundo momento, implica transcender nossa percepção da coisa apreendida por meio de uma intuição das possibilidades da coisa contemplada e, num terceiro momento, numa espécie de redução transcendental, chegar ao significado original do objeto contemplado, que é quando fundamos ontologicamente o objeto, ao intuirmos sua essência primeira, recriando, assim, seu significado para nós.

Contemplar é recriar para si, ontologicamente, o significado de algo. É passar da coisa em si, como um simples objeto para nossa percepção, para o nível das existências possíveis que todo ser abarca. O mundo da Espiritualidade é o mundo da contemplação do Cosmo no qual estamos, necessariamente, incluídos e por meio do qual transcendemos da percepção do sentido que damos às coisas para o encontro de novos significados.

Estamos falando de uma Espiritualidade encarnada, fruto e expressão do vivido humano em sua eterna busca de compreender o sentido e o significado das coisas. Estamos falando que somos impermanência viva e que, portanto, transcender é próprio da natureza humana, no sentido de que somos movimento vivo e de que é transcendendo nossa cotidianidade que alimentamos nossa espiritualidade.

Quanto mais nos aproximamos das bordas da percepção de algo como dada totalidade, mais essa realidade passa a ser percebida como possível de transcender, porque esse é o lugar em que a essência de algo se faz mais visível e mais penetramos no reino da Espiritualidade – no qual Pessoa, realidade e significados se encontram.

Não conseguimos perceber a totalidade de algo, como coisa acabada, assim como a Gestalt final de qualquer coisa. Quanto mais apreendemos as partes de um todo ou a totalidade de algo, mais a percebemos como uma Gestalt plena e cheia. Gestalt, como a configuração de uma boa forma, e totalidade, como a superação de partes, são lugares em que a espiritualidade pode se revelar mais plenamente ao espírito ou à experiência de quem procura. Quanto mais se abeira das bordas da totalidade de algo, mais sua Gestalt revela a interdependência e como transcender para o caminho da Espiritualidade.

Abeirar-se da totalidade de algo é captar sua plena qualidade, é ultrapassar sua materialidade – na qual o ser se retém e se contém na sua fixação por meio de suas quantidades. Assim, quanto mais, pela percepção, algo perde seus atributos de quantidade, de materialidade, mais podemos visualizar seu lado de transcendência, que é o reino da Espiritualidade. Quanto mais percebemos ou nos aproximamos da totalidade ou da forma mais plena de uma Gestalt, mais percebemos sua beleza e nos encontramos com seu sentido original, a percepção sentida, primitiva, dessa realidade.

Assim, ao experienciar uma Gestalt, como uma totalidade percebida e vivida, mais nos aproximamos da Espiritualidade do objeto percebido e mais penetramos no reino da transcendência, que é onde reside a abertura de um horizonte para o pleno sentido das coisas. Quanto mais se descobre o sentido de algo, mais se penetra na sua totalidade, na sua Gestalt, e, consequentemente, mais nos apercebemos de seus outros significados e de sua beleza, que nos transportam para o campo da transcendência – caminho natural para a vivência da Espiritualidade.

Quanto mais se intui uma realidade, mais se percebem suas qualidades; quanto mais elas são percebidas, mais se percebe a totalidade; quanto mais esta é percebida, mais se percebe sua imaterialidade; e quanto mais sua imaterialidade é percebida, mais se penetra, por meio desse contato, no campo da Espiritualidade.

Espiritualidade, então, não é um lugar de eleitos, de escolhidos, de iniciados, é o lugar natural de todos aqueles que querem crescer, evoluir, sonhar. Espiritualidade não é um lugar de chegada, pelo contrário, é apenas um lugar de passagem para um novo horizonte que, de novo, se alarga ao infinito.

Deus, fonte última de Espiritualidade, é espírito puro, e a Espiritualidade é simplesmente uma caminhada perene para Ele. Mas, longe de essa caminhada ser uma fadiga, é algo extremamente prazeroso, porque Ele não nos pede nada mais do que aquilo que podemos dar – simplesmente que cada um não pare de andar para a frente e para cima, com seu ritmo, com seu tempo e com todo o amor que alguém pode ter por si mesmo.

Isso se chama expressão vivida e vívida de humanismo e de contato, como forma de intuição consigo mesmo e com o mundo. Intuir, uma forma complexa de contato, é captar a alma, as qualidades, o sentido das coisas. Contato é intuição, intuição é contato, sem intuição estamos no mundo do toque, da materialidade, do superficial.

Temos sido definidos tradicionalmente como animais racionais e, no entanto, não somos matéria e espírito, materialidade e Espiritualidade, como se fôssemos duas realidades metafisicamente distintas dentro da Pessoa Humana. Essa dicotomia tem dominado o mundo ao longo dos séculos, afetando, sobremaneira, o mundo da ciência e o das religiões. Na verdade, somos, metafísica e essencialmente, matéria/espírito/meio ambiente, porque não sabemos onde termina um desses existenciais e começa o outro. É essa sintética e consubstancial fusão que permite ora a uma ora a outra se expressar de modo atípico e não usual.

Na prática, temos vivido essa profunda dicotomia. Quando um médico opera, está operando a matéria-corpo-Pessoa, e provavelmente não passa pela sua cabeça que aquela pessoa, ali inerte e imóvel, tem uma alma que sofre tanto ou mais que o corpo que ele manipula cientificamente. Do lado oposto, talvez, quando rezamos, nos imbuímos de todas as nossas forças espirituais e nos esquecemos de que elas moram numa matéria-corpo-Pessoa, sem a qual essa ligação de nossas preces é como árvores sem raízes, que lançam, inadequadamente, seus galhos para os céus.

Existem experiências que são um processo espiritual puro e que podemos chamar de *Espiritualidade*, existem experiências do *mundo da Espiritualidade* e existem fenômenos do *mundo do espírito*, como já nos referimos acima.

Os chamados *estados alterados de consciência* acontecem nos três níveis de contato: o espiritual ou Espiritualidade, o mundo da Espiritualidade e o mundo do espírito, dependendo do nível energético da relação mente/corpo/ambiente. Quanto mais a matéria perde suas quantidades (peso, forma, tamanho), tanto mais se torna possível entrar no mundo dos processos espirituais.

Os estados alterados de consciência acontecem à proporção que a matéria perde parte da força de sua materialidade, tornando-se mais leve e mais sutil. Nessas condições tudo pode acontecer, pois, libertada de certas condições da matéria, a consciência encontra o caminho de suas mil possibilidades e se plenifica ao infinito pela perda das limitações que a matéria lhe impõe. Estados alterados de consciência ocorrem porque somos matéria-espírito, porque essa relação consubstancial se torna sem limites, de tal modo que tudo que acontece em nós pertence, ao mesmo tempo, aos dois níveis, ainda que de forma diferente. Estamos longe de esgotar as possibilidades que essa relação nos permite. Tanto as ciências da matéria como as do espírito estão apenas vislumbrando as infinitas possibilidades que se escondem na Pessoa Humana.

Não podemos perder a perspectiva de que estamos, o tempo todo, falando de contato e de como ele ocorre, de forma conceitual e prática. Quando falamos dele conceitualmente, estamos fazendo teoria; quando falamos dele praticamente, estamos falando de método. Estamos também falando de campo, de forma conceitual e prática, dado que tudo ocorre no campo e ele inclui necessariamente Pessoa e meio ambiente ou Pessoa-meio.

Gestalt implica totalidade de uma diversidade em uma universalidade conceitual. Em um exemplo simples: Gestalt é como um tipo de árvore que, sem perder sua qualidade de árvore, isto é, seu gênero, permite diversos matizes na sua diferença específica, produzindo várias espécies de frutos. Contemple uma plantação de bananas. Você não duvida que são pés de banana. No entanto, uma é banana nanica, outra banana-da-terra, outra banana-maçã, outra banana-prata. Assim, a árvore da Abordagem Gestáltica e a da Gestalt-terapia têm os mais diversos matizes. Não se pode conceber um jeito único de ser Gestalt como **a Gestalt**, ou uma Gestalt pura, porque isso seria o mesmo que uma Gestalt morta, que não evolui mais.

Se nossa teoria é uma teoria gestáltica, terá de incluir necessariamente elementos de psicanálise, de psicodrama, de comportamental, de centrada, entre outras. Gestalt pura é um mito. É antifenomenológica, porque não permite mais de um olhar sobre o objeto percebido, e é antiepistemológica, porque se torna sua própria crítica, não se distanciando do observador. Além disso, toda realidade é feita de partes, mesmo a Gestalt, e as partes, por mais que se interliguem, nunca serão percebidas como uma totalidade plena.

A teoria gestáltica, entretanto, tenta transcender outras teorias, ir além delas, e é nesse "ir além" que ela se torna original, é nisso que reside sua riqueza. Quando, de algum modo, incorporamos nela elementos de outras teorias ou a acoplamos a outros processos existenciais teóricos – por exemplo, Gestalt e Espiritualidade, Gestalt e transcendência –, não estamos falando de "Gestalt e", mas sim de "Gestalt para", pois se Gestalt é contato ela inclui necessariamente um vasto universo de partes dentro dela. Nada deveria ser estranho à Gestalt, desde que relido e religado ao seu campo teórico constitutivo.

Gestalt é impermanência na imanência. Tem de mudar, evoluir para poder continuar sendo ela mesma. A transcendência é a imanência na impermanência. Se não sabemos onde estamos, é impossível transcender. É necessário saber onde se está para ir além de si. Gestalt é fluidez, é movimento, é mudança, é impermanência, é uma permanente caminhada de transcendência da própria impermanência. Espiritualidade é transcendência na imanência. A transcendência é o caminho que desemboca na Espiritualidade. Gestalt é impermanência na imanência, é transcendência na impermanência. Gestalt e Espiritualidade são caminhos de transcendência.

3. Gestalt, contato e espiritualidade

ENTENDO QUE NÃO SE PODE FALAR de Ecologia Profunda sem antes refletir sobre a Teoria Holística, que sem dúvida fundamenta toda a questão hoje posta da relação Pessoa/mundo. Holismo e Ecologia Profunda não surgiram ontem ou hoje. Holismo, entretanto, é um sistema com uma estrutura teórica muito antiga, não nasceu de uma reflexão científica nem é uma construção subjetiva tentando dar forma à realidade, mas seus conceitos emanam, naturalmente, de uma visão evolutiva do Cosmo.

Oikos, do grego, é casa. *Lógos*, do grego, é palavra, estudo. Ecologia é, portanto, o estudo, a palavra que custodia a casa. Indo mais longe, não estamos falando de casa, mas da casa maior, do Lar de todos, a Mãe-Terra, que recria, a todo instante, o ambiente para que nele possamos morar com alegria, dignidade e qualidade.

Em termos mais simples, estamos tentando definir Ecologia Profunda como a ciência que nos ensina a cuidar do Planeta e a curá-lo, o lugar em que vivemos. Não estamos falando apenas de minha casa, de minha cidade, de meu país, estamos falando do Universo que nos acolhe e ao qual pertencemos.

É muito pobre cuidar do meu jardim ou da beleza de minha rua ou de meu bairro, e esquecer o Todo que é o lócus do qual, de fato, emana toda a energia, toda a sabedoria que governa o cosmos.

Temos vivido como se fôssemos donos da Terra e até do Universo. Sujamos, queimamos, emitimos gases tóxicos, poluímos o Universo como se ele fosse uma realidade morta, estática, parada, que não tem olhos para ver, ouvidos para ouvir, mãos e pés para se movimentar, coração para sofrer. Não estamos atentos a que o Universo é tão vivo quanto nós e até mais, pois é dele que retiramos todas as substâncias de que necessitamos para continuar vivos.

Tudo que é necessário para a manutenção de nossa vida entra, obrigatoriamente, na definição de quem somos. Se precisamos da água que nos mata a sede, do calor que nos aquece, do ar que respiramos, temos de entender que o ambiente ou o meio ambiente entram, necessariamente, na definição do que a Pessoa Humana é. Assim, não somos apenas animais racionais, mas animais-racionais-ambientais, essenciais-propriedades sem as quais não podemos viver. Em outros termos, somos biopsicossocioespirituais, a quádrupla dimensão de uma Ecologia cósmica que define o ser humano, tornando-o a expressão mais eloquente da natureza, assim como a pedra, a flor e o animal, expressões não menos belas da evolução do Universo, e juntos constituímos o que de mais precioso pode definir o ser humano.

O desrespeito por qualquer um desses elementos ou dimensões-propriedades que nos dão sustentação existencial e ontológica é um ato de retroflexão, de ecocídio, de autoextermínação, porque não há como destruir o outro sem sermos afetados pelo instrumento que o mata.

Estamos no Universo de muitas maneiras e cada uma delas provoca diferentes energias de administração do Planeta. Somos corpo, Mente, ambiente, espírito, e vivemos, ao mesmo tempo, numa metafísica intrarrelação com o mundo. O mundo, portanto, não é uma abstração, uma ideia distinta de tudo, algo fora de nós. Assim, não podemos, só por abstração, pensar o ser humano sem pensar que somos, necessariamente, seres de relação do mundo e no mundo. Nesse sentido, o oposto de Ecologia é descaso, sujeira, descuido, nascendo das mais diversas causas: ignorância, agressividade, má-fé, lucro fácil.

Podemos falar de Ecologia da Mente, do corpo, do espírito, mas essas dimensões trabalham de maneira completamente disfuncional todas as vezes que sentimos, pensamos, agimos ou falamos de forma desrespeitosa com relação à casa-Universo que habitamos ou quando não nos damos conta de que somos guardiões do equilíbrio do Universo e não seus depredadores.

Nesse sentido, precisamos trabalhar em dois níveis: o da Ecologia interna, por meio da experiência da transcendência e da espiritualidade; e o da Ecologia externa, que sem a primeira expõe o Planeta a uma postura enganosa, falsa, danosa às vezes, pois seus argumentos não se enraízam, porque não nascem da Mãe-Terra, mas da cabeça e da conveniência dos que se supõem gerentes do Planeta. O efeito estufa está aí, o aquecimento dos mares continua em níveis jamais esperados, fruto da poluição proveniente das mais diversas formas de desrespeito ambiental, de catástrofes ecológicas, da mudança já comprovada do clima, embora o homem continue sua caminhada contra o Planeta, como se ele fosse um inimigo a ser derrotado a todo custo.

Que pena, pois pertencemos ao Universo, somos filhas e filhos seus e, enquanto não experienciarmos em profundidade o sentimento de pertencimento ao Universo, continuaremos a tratá-lo com indiferença, agressividade e violência.

Precisamos expandir a experiência interna de nosso pertencer ao Universo mediante a ampliação de uma vivência que poderemos chamar de Ecologia Profunda, interna ou espiritual. Por meio de tal vivência, deixamos todo pensamento linear de causa e efeito das nossas relações com o Planeta para deixarmos fluir dentro de nós a sensação amorosa do cuidado, da cura pela ampliação da consciência, de nossa ética, de nosso acolhimento das necessidades do Planeta, de tal modo que, mais que sermos o cérebro pensante do Universo, sejamos seu coração que pulsa preocupadamente de tensão pelo abandono a que está submetido.

Embora no Universo tudo se relacione com tudo, nem por isso cada parte desse Todo se encontra no mesmo grau ou nível de evolução – se assim fosse, teríamos um Todo absoluto, logo fixo e não sujeito às mudanças. Portanto, temos de afirmar, como princípio, que Holismo e Ecologia se encontram, em algum lugar, como interdependentes, como partes de um Todo maior, não apenas teórico, mas em ação. A Ecologia nasce natural e evolutivamente de uma visão holística do Universo, e é uma proposta de cuidado para com o Cosmo. É como se Holismo fosse uma teoria e Ecologia uma prática; Holismo uma ideia universal e universalizante e Ecologia uma prática individual e singularizante, dando visibilidade ao Holismo.

Falta-nos a força da interioridade para, em um processo contínuo de autocontemplação, vivenciarmos a realidade de que somos a mais misteriosa e fantástica síntese de terra, água, fogo e ar. É fácil ver e admirar esses elementos fora de nós, mas é difícil vivenciar a experiência de que somos feitos de terra, de água, de fogo e de ar. Somos vítimas de uma estranha deflexão que dificulta esse dar-se conta, essa *awareness* corporal e cósmica de que, queiramos ou não, pensemos nisso ou não, somos cúmplices desses elementos criativos e criadores.

Não interiorizamos que, quando cuidamos, seja em que nível for, da terra, da água, do fogo e do ar, estamos cuidando de nós mesmos, pois somos feitos desses elementos.

O Planeta sofre, hoje, de diversos males ou doenças, alguns provocados pelo descuido com a terra, outros com a água, outros com o fogo e outros com o ar. Os sintomas de um desequilíbrio cósmico são visíveis, mas, como nos são apresentados em escalas de proporções universais, parecem não nos dizer respeito.

Uma visão e uma experiência gestáltica e holística do Universo implica uma atitude ou uma visão desta inter e intradependência de todas as coisas entre si. E, mais que uma simples visão de mundo, exige uma ação, um engajamento, como uma resposta ética à demanda que o Universo nos coloca. Não somos partes isoladas em relação, somos um Todo Pessoa-mundo, uma única e dinâmica realidade, na qual não se sabe onde termina a Pessoa e começa o mundo, porque ambos são apenas faces de uma única moeda, de uma única realidade, de um único processo em ação. Pessoa e mundo formam (se insistimos na dicotomia da separatividade) ou Pessoa-mundo forma uma Gestalt, uma unidade de sentido, um campo unificado de forças, de tal modo que estamos somando ao conceito de Gestalt individual aquele de Gestalt cósmica.

Uma visão sadia do Universo nos conduz, naturalmente, a uma experiência ecológica de responsabilização por ele. Se somos uma só coisa com o Universo, tudo que nos diz respeito diz respeito também a ele. Cuidar de si é cuidar do Universo. Esse é o primeiro mandamento da Ecologia Profunda, porque acaba a dicotomia Eu e o mundo para ser Eu-mundo. Temos de passar da ideia de que Ecologia é uma ciência que estuda as relações da Pessoa Humana com o Universo para uma concepção de que Ecologia é uma provocação a uma experiência de mundo, a uma vivência de troca recíproca e de cumplicidade, de compromisso interno para com o Universo.

Saímos da posição "Eu estudo o Universo" para "Eu sou o Universo em estudo" – sou um microcosmo que, se estudado em profundidade, revelará facetas jamais imaginadas do Universo. Esta é uma das propostas da Ecologia Profunda: estudar o Universo, descobrir as leis que regem e mantêm sua harmonia e, em seguida, ver como se pode aplicar isso, pedagogicamente, ao ser humano.

Se estudo o Universo, descubro o homem; se estudo o homem, descubro o Universo – ambos, se estudados individual e singularmente, ultrapassam nossa capacidade de chegada. Só o horizonte Pessoa-mundo será capaz de, de fato, encurtar os caminhos da compreensão humana e mundana para cuidar do Universo. Temos de passar de um olhar curioso, técnico ou científico do Universo para um olhar admirativo, de encantamento.

Precisamos nos apaixonar pelo Universo, descobrir detalhes de sua beleza, de seu funcionamento, de sua entrega generosa e milenar ao processo de evolução que tornou possível a criação de milhões de criaturas. É preciso admirar o poder criativo e criador do Universo por meio das mil formas, arranjos e modelos que criou – uma infinidade de seres com milhões de rostos, seja no mundo mineral, vegetal, animal e, sobretudo, no nosso mundo, no qual a beleza toma todas as formas, ora de estética, ora de inteligência, criando um encantamento do qual cada Pessoa é uma resposta singular e única.

O mundo do encantamento é o mundo da Espiritualidade, porque no encantamento vamos nos desligando de partes, de detalhes, e vamos descobrindo o tudo que existe no Todo, a totalidade da qual brota a essência de todas as coisas. Quando deparamos com a essência das coisas, a materialidade do objeto observado se transforma e nossos olhos começam a intuir a imaterialidade do belo, cujo sentido mora mais na alma de quem observa e contempla do que no objeto contemplado. A contemplação e o encantamento são formas de cosmogonia, de recriação da realidade, porque, no processo de nos encantarmos, a quantidade vai cedendo lugar à qualidade, por meio da qual podemos recriar a realidade dando a ela mil novos significados. Assim, uma estrela não é apenas algo material que reluz, mas o símbolo de harmonia, de encantamento, do poder do Criador, nem uma rosa é apenas um vegetal, mas o perfume que encanta e seduz.

O momento de uma vivência de Espiritualidade, que se expressa por meio do encantamento, é um momento mágico de síntese holística e gestáltica porque, nesse instante, parte e Todo se fundem, tempo e espaço se confundem, dentro e fora desaparecem. Temos então uma vivência ecológica porque somente uma visão, ou melhor, a vivência holística do Universo, nos conduz a uma experiência em ação de Ecologia Profunda que, por sua vez, deságua no processo da Espiritualidade.

Um momento de Espiritualidade é uma resposta à pergunta que não se responde logicamente: quem sou Eu no Universo? Só quando alguém consegue se encantar por si mesmo começa a descobrir que está ligado a tudo no Universo – e, por isso, não é dono, mas guardião do Cosmo. Nessa experiência, ele vivencia a beleza, o encantamento supremo de ser-mundo-no-mundo.

O homem espiritual é um homem encarnado no mundo, por isso revestido de mundanidade sem nenhum *a priori* e que, simplesmente, se deixa acontecer. Ele contempla o mundo como o Outro e, ao contemplar esse Outro, percebe-se como existente. Ao contemplar a própria existência, descobre, admirado e grato, que ele e o mundo são aspectos de uma mesma e única realidade. Um é a cara do outro.

Esse posicionamento tem tudo que ver com a Abordagem Gestáltica, que é uma proposta de integração corpo/ Mente/mundo. A Gestalt é, por natureza, uma abordagem que resgata o conceito de Totalidade, de presentificação, de experiência imediata, de contato, de encontro – e isso é Holismo e Ecologia Profunda que, juntos, abrem caminho para uma experiência e uma vivência real de Espiritualidade. A Abordagem Gestáltica é, por natureza, holística, ecológica e um caminho aberto para a vivência da Espiritualidade. Seu principal conceito, **contato**, se consubstancia no princípio *"Tudo tem ligação com tudo, tudo muda e tudo é um Todo"*, por isso afirmo que ainda não percebemos toda a radicalidade que esse conceito nos oferece. Se percebido em sua radicalidade, com base em uma visão holística da realidade, esse conceito abre caminhos para uma percepção mais fluida da realidade e nos possibilita, metodologicamente, entender o que é trabalhar de maneira fenomenológica.

Contato não é toque, é algo que cria, que transforma a realidade, exatamente porque se deixa acontecer, sem *a priori*, como num processo evolutivo, em que, pelo princípio da autorregulação cósmica, tudo vai desabrochando em suas mil possibilidades, explicitando o aspecto criador do contato entre partes que se deixam acontecer, num movimento teleológico de procura da melhor forma ou da configuração que cria um novo sentido.

A proposta da Gestalt-terapia e da Ecologia Profunda, tal como a da fenomenologia existencial, é o resgate da experiência imediata, a presentificação pelo aqui-agora da relação Pessoa/mundo por meio da descrição dessa relação. A realidade é agora, é aqui. O mundo está acontecendo agora e eu também. É nessa junção que se pode experienciar uma *awareness* corporal, imersa na totalidade real do mundo. "Agora sabemos que nossa verdadeira matéria, da qual fomos feitos, foi forjada no coração das antigas estrelas. Na verdade, a teia da vida se espalha agora para abraçar as mais distantes galáxias" (Roszak, 1995, p. 20).

A maioria das pessoas não tem essa dimensão humana do seu processo evolutivo. Vivem como se fossem donos, pais, mães do Universo, e não como filhos do Cosmo. Pouco lhes interessa o que está fora deles. Por ser o Universo algo que lhes parece infinitamente grande, veem-se na impossibilidade de cuidar dele e simplesmente passam de largo. Perdemos, de fato, uma dimensão que aos primitivos parecia normal, que era viver em estado de total cumplicidade com o mundo, com a Terra que habitavam. Era como se tudo fosse uma extensão deles ou como se eles fossem uma extensão de tudo. Para o homem primitivo, tudo que constituía o fora constituía o dentro. O Outro era ele mesmo.

O Universo hoje é possuído por milhões de coisas que saem dele, mas que o descaracterizam completamente. Olhemos as ruas, as lojas, os lugares: milhões de estímulos nos separam da natureza. O homem primitivo se confundia com a natureza e a natureza era ele – não era *dele*, era *ele*. Não é de estranhar que o homem moderno tente recuperar essa dimensão procurando caminhar em florestas, nadar em cachoeiras, sentir a solidão dos desertos. É a tentativa do retorno ao paraíso, porque, na verdade, ele perdeu a inocência cósmica. Por mais que ele se tenha afastado do mundo, entretanto, o mundo está introjetado nele. É por essa razão que alguns profissionais da saúde, em vez de prescrever remédios, receitam contato com a natureza, como uma volta saudável ao primitivo, à inocência da nudez, à retomada do corpo ou da *awareness* corporal como um caminho de autorregulação organísmica.

Ninguém dá o que não tem. Ora, se a natureza produz vida, ela é vida, é viva. Assim, nosso corpo, por exemplo, é um presente da Terra. Somos terra se constituindo natureza a cada instante.

> Ecologia é uma ciência de conectar, é eminentemente um estudo de todo um sistema vivo. Os seres humanos vivem e agem nesses sistemas. Até que ponto isso altera nossa compreensão de natureza humana? Até que ponto nosso sistema hereditário de evolução e os novos sistemas das ciências naturais nos falam de nossas necessidades psicológicas? (Roszak, 1995, p. 26)

Somos um sistema vivo, que nasce de um cósmico sistema planetário vivo, e somos geradores de vida. Somos imensos sistemas vivos, envolvidos por uma complexa cumplicidade por meio da qual nos ajustamos criativamente a todas as demais criaturas. A grande questão dessa reflexão é que a humanidade, ou seja, as pessoas reais, como um todo, não está preocupada com isso. Tal fato traz não só problemas para uma visão adequada de Ecologia, como também problemas psicológicos – e não passa pela cabeça das pessoas que as raízes de tais problemas possam ser disfunções ecológicas provocadas pelo descaso com que a maioria trata sua relação com o Planeta. A questão do consumismo, por exemplo, traz para a agricultura o problema do desmatamento. Traz problemas também quanto à criação de gado para produzir carne e, naturalmente, couro, para que cada pessoa tenha vinte ou mais pares de sapatos, dez ou mais cintos e assim por diante.

As pessoas não pensam que todos os seus hábitos afetam os hábitos do Planeta. Ele recebe "silenciosamente" todo tipo de agressão, e as pessoas não se dão conta de que tudo muda e tudo tem ligação com tudo porque tudo é um Todo. O aqui-agora do Planeta não tem a dimensão da duração que, para uma pessoa longeva, chega aos 100 anos. Mas 100 anos para o Planeta é como um segundo para os humanos, pois ele leva centenas de anos para que uma série evolutiva atinja sua meta, como é o nosso caso, que já estamos aqui há mais de um milhão de anos. Estamos e nos movemos em um campo cósmico. Custa-nos visualizar o que isso quer dizer, e daí não entendermos o que significa falar que Ecologia é uma ciência de conectar, porque sua essência é dar visibilidade às relações Pessoa/mundo e mostrar a funcionalidade de todo um sistema vivo.

O Planeta é um ecossistema vivo, que renasce, respira, convive com a morte de mil maneiras, embora a magnitude de seus fenômenos ultrapasse nossa capacidade de observação. Estamos desconectados ambientalmente, mas pessoal e coletivamente começamos a ver ações isoladas tentando reler as necessidades do Universo com base em nossa relação com ele. Estamos nos acostumando com "É preciso salvar o Planeta", "O Planeta está na UTI". Se isso é verdade, temos de admitir que a Terra está doente e nós humanos também, sendo os responsáveis por sua doença, bem como por sua salvação. Como pensar numa efetiva sustentabilidade do Planeta se o homem perdeu o respeito por si mesmo e pela saúde da Terra?

> Eu sou eu e minhas circunstâncias e, se não acreditar nisso, não salvo a mim mesmo. Esse dado da realidade circunstancial forma a outra metade de minha pessoa. Somente por meio dela posso me integrar a mim mesmo e ser plenamente eu. (José Ortega Y Gasset *apud* Swanson, 1995, p. 60)

Gestalticamente falamos em campo e de fato vivemos em um, ou seja, nós e o meio ambiente constituímos uma única realidade, "Pessoa/meio ambiente", de tal modo que tudo que diz respeito a um diz respeito ao outro, pois somos reais, concretos, não vivemos no vazio. Somos um micro-organismo, filhos, sob todos os aspectos, do planeta Terra. Somos ar, água, fogo (calor) e terra, e não nos damos conta de que muitas das patologias das pessoas e do Planeta são disfunções pela má utilização desses quatro elementos.

Falta-nos a experiência de sentir que pertencemos ao Universo, que somos uma só coisa com ele, uma criação sua.

> A Gestalt-terapia, particularmente como a elaborada por Goodman, toma como ponto de partida algo que, mesmo tão óbvio, nossas ciências humanas e sociais geralmente parecem não notar, i.e., que a troca que se dá incessantemente entre o organismo humano e seu ambiente circundante, em todas as áreas da vida, vincula a pessoa e o mundo um ao outro de maneira inextricável. (Perls *et al.*, 1997, p. 24)

Não temos a dimensão de que a comunidade humana e a comunidade biótica formam uma única Gestalt, uma totalidade criativa e criadora, de tal modo que tudo que afeta uma afeta a outra, porque estão cósmica e ontologicamente intrarrelacionadas.

Ecologia, sem deixar de ser como simplesmente é definida – "ciência que estuda a relação do homem com seu ambiente" –, está se tornando uma proposta séria de rever a relação Pessoa/meio ambiente como uma tarefa de cuidar da Terra mais do que de estudá-la.

O homem tem sido definido, inadequada e, talvez, erroneamente, como animal racional. Esse reducionismo causou, causa e ainda causará um dano de proporções extraordinárias ao planeta Terra, porque desconsidera um terceiro existencial que é o que conecta o homem ao meio ambiente: a ambientalidade. Ora, como Frederick Perls disse:

> Não tem sentido falar, por exemplo, de um animal que respira sem considerar o ar e o oxigênio como parte da definição dele, ou falar de comer sem mencionar a comida, ou de enxergar sem luz, ou de locomoção sem gravidade e um chão para apoio, ou do falar sem comunicadores. Não há uma única função de animal algum, que se complete sem objetos e ambiente, quer se pense em funções vegetativas como alimentação e sexualidade, quer em funções perceptivas, motoras, sentimento ou raciocínio. (Perls *et al.*, 1997, p. 42)

Temos, portanto, de concluir pela mais perfeita lógica silogística que a definição essencial do ser humano é: animal-racional-ambiental, estando esses três existenciais de tal modo inter e intraligados que não se sabe onde começa um e termina o outro. Ora, somente quando o ser humano tiver uma consciência profunda, eficaz, um dar-se conta emocional de sua ambientalidade, isto é, de que Pessoa-meio ambiente são aspectos de uma mesma e única realidade, poder-se-á falar em sustentabilidade planetária e, só então, o Planeta começará a curar-se. Salvar o Planeta passa, necessariamente, por salvar primeiro o homem, que é quem o está destruindo.

Tratamos o Planeta, como se diz na gíria, "com casca e tudo", porque ele aparentemente não nos dá o que precisamos. Se o Planeta não é uma prioridade nossa, como poderemos viver a cumplicidade de amigos ou de filhos que ele pede silenciosamente? Apenas olhamos o Planeta ou para o Planeta como alguém que assiste a uma partida de futebol, mas nenhum dos times em questão é seu time, não lhe importando o resultado. Talvez mais tarde essa partida fará algum sentido para ele. Só que o planeta é AGORA, Eu sou AGORA E AQUI, e o entendimento e a vivência do Planeta passam necessariamente pela questão da subjetividade humana ou de uma intrassubjetividade entre Planeta/homem. Um não se salvará sem o outro.

"A capacidade do organismo humano de se adaptar a condições extremas é notável e, às vezes, surpreendente. Nós temos de nos alinhar não apenas a um meio processo de sobrevivência, mas explorar as condições sob as quais as pessoas vivem" (Swanson, 1995, p. 68). Dentro do princípio holístico de que tudo tem ligação com tudo, temos de pensar que a saúde do ser humano está em íntima dependência da saúde do Universo e que, se o homem é ele e suas circunstâncias, não há como continuar vivendo o tradicional e trágico dualismo Eu **e** o mundo, sem que ambos se afoguem pela vivência de circunstâncias vividas em oposição.

Falta-nos a ideia do que significa um verdadeiro contato. Tocar as coisas não é fazer contato. Tocar é olhar, cheirar, comer, escutar de maneira totalmente descompromissada, como se Eu e o Outro nada tivéssemos em comum. Fazer contato é comprometer-se com o Outro, de alguma forma tornar-se cúmplice de sua caminhada e de sua chegada. Ninguém é autossuficiente. Nosso ser deriva do ser do Outro. Posso ficar alguns dias em jejum, sem água, posso até ficar alguns minutos sem ar, sem oxigênio, mas nosso limite é extremamente curto, não obstante a imensa paciência que o Universo tem com nossas provocações.

Fazer contato exige uma permanente troca, reciprocidade, uma autorregulação-organísmica, em que, por meio dele, Pessoa e mundo se autorregulam – apesar de que, como existe um elo ontológico cósmico entre Pessoa e mundo ou

HOLISMO, ECOLOGIA E ESPIRITUALIDADE

Pessoa/mundo, quando um se autorregula o outro, simultaneamente, também se autorregula.

Acredito que um dos grandes problemas com respeito à nossa saúde e à do Planeta, no que tange a uma relação fluida de contato, é que este se dá no campo e se intensifica na fronteira. O que isso significa? É difícil saber qual é a nossa fronteira com o Planeta, por ser ele de dimensões infinitamente maiores que as nossas, e isso faz com que prestemos mais atenção a nós do que a ele.

Quando estamos diante de um cenário grande demais, perdemos contato com os detalhes e apenas olhamos à nossa volta, quase como um instinto de proteção. Somos muito pequenos diante da desproporção do Universo e quase que sem perceber passamos dias sem pensar nas nossas grandes fontes de alimentação, de proteção, de prazer, como o sol, a água, o ar. Quando poluímos, cortamos árvores, colocamos fogo na natureza, parece que somos desconectados do resto do Planeta. Essa frieza, essa indiferença cósmica cria a rigidez, a fixação na indiferença pelo Planeta. Esse talvez seja o mais esquizofrenizante processo de contato em nossa relação com o Planeta, a Mãe-Terra: fazemos de conta que ela não existe ou, se existe, pouco temos que ver com ela. E, no entanto, tudo caminha para afirmar a estreitíssima ligação entre a natureza humana e a natureza mundana, não só biológica, física, mas também espiritual; enquanto a Mãe-Terra é geradora, é criadora de toda a vida existente no Planeta.

Quanto mais nos sentimos incluídos nesse amplíssimo processo cósmico, mais nos sentimos pertencentes ao Universo – e pertencer significa, sobretudo, saborear um profundo processo de identidade e identificação com a Terra. Assim como adoecer significa, em parte, nos perdermos de nós à procura do fora aparentemente nutridor, também quando esquecemos que nós e o meio ambiente somos partes de uma mesma realidade, adoecemos pela negação silenciosa que nos liga ao Universo. Nossa saúde biopsicossocioespiritual depende diretamente de nossa relação biopsicossocioespiritual com a Terra. Como a parte pensante do Universo, podemos nutri-lo e ele, como a mãe original de tudo e de todos, nos nutre de sua maternagem instintivamente generosa. Esses pensamentos não podem ser meras racionalizações que apaziguam nossa consciência, têm de ser um verdadeiro processo de conversão, de mudança interior, de tal modo que possamos sentir fisicamente nossa adesão incondicional à Mãe-Terra.

Estamos falando de uma *awareness* corporal, de um sentir-se dentro do Planeta, de tal modo que tudo à nossa volta seja um reflexo da crença de que somos filhos e filhas da Terra e de que nosso percurso de nascer da Terra e a ela retornar nada mais é que sermos caminhantes, que nos deixamos constituir e construir pelos apelos da Mãe-Terra.

A Abordagem Gestáltica tem na Teoria do Campo um de seus embasamentos mais sólidos. Tudo acontece no campo, aqui-agora. Um campo só existe em dado momento e em dado espaço. Pessoa/meio ambiente só podem ser considerados agora, num agora cheio de variáveis psicológicas e não psicológicas que estão atuando neste preciso momento, nesta precisa situação. Isso significa que o campo é gerador de sentido. Embora no campo possam acontecer mil microcampos, todos estão em íntima conexão e teleologicamente se encaminham, se movimentam, para produzir um único fenômeno, uma única realidade. O campo é autorregulador e, por mais variáveis que contenha, instintivamente tende a produzir uma única matriz de significados – pois, se assim não fosse, seria a produção do caos e poderia ser naturalmente autodestrutivo.

O campo trabalha, funciona, para produzir uma unidade de sentido, e ela é como uma categoria que, junto com milhares de outras, ou todos, forma um Todo maior. Intrinsecamente, o que comanda o campo é o diálogo entre as partes para a produção de um Todo inteligente e criativo que, por sua vez, se conecta com todos os outros todos do Universo.

O Universo é diálogo, é contato, é encontro, um campo unificado de forças, em permanente movimento evolutivo. Uma parte não é melhor que outra, um todo não é melhor que outro, são apenas diferentes, e é na aceitação cósmica das diferenças que o Universo evolui à procura sempre da melhor forma. Uma rosa não olha para uma dália e diz: "Sou mais vegetal que você". O gato não olha para o cachorro e diz: "Sou mais bicho que você". Eles sabem instintivamente que é mediante o respeito pelas diferenças que a igualdade se faz. Foi por meio do respeito e da aceitação das diferenças que o Universo evoluiu e continua evoluindo. A natureza-como-um-todo é extremamente harmoniosa, quando deixada a si mesma, ao seu movimento próprio de funcionar.

Na linguagem buberiana, nada no Universo é um Isso para o outro, pois tudo é parte de tudo, e tudo só existe porque outro tudo se fez um todo para que esse existisse. A relação na natureza é sempre de TU para TU, porque tudo nela tem toda a beleza de que precisa para ser real. Um sapo é simplesmente um sapo, uma mangueira é simplesmente uma mangueira. Quando as coisas são simplesmente elas, elas são simplesmente um Tu para si mesmas e para o outro.

É difícil para um homem ser um TU para ele mesmo, porque ele sempre acha que lhe falta algo, ele jamais é simplesmente um tudo que é um todo para si. Sempre lhe falta algo, então ele é sempre um Isso para si mesmo; ao contrário da natureza mundana, que, bastando-se, sente-se um TU para si e para o outro. Não existe inveja na natureza.

Tudo no Universo sabe que é simplesmente uma ponte para algo que lhe seguirá e isso, em vez de lhe causar inveja, faz com que funcione o mais plenamente possível na esperança e na certeza de que o que dele nascer será maior do que ele. "Se nossa *awareness* é maior ou mais intensa do que a dos animais, bactérias, células, plantas ou estrelas nós não sabemos. Nós necessitamos suspeitar que é vaidade dizer que somos mais conscientes do que eles" (Perls *apud* Cahalan, 1995, p. 90).

Não podemos continuar olhando um boi, uma flor, uma montanha, um grilo, como algo que nada tem que ver conosco. Estamos ligados a tudo e tudo está ligado a nós. A natureza ouve, fala, vê, sente dores, morre como qualquer um de nós. Precisamos aprender a nos sensibilizar para dialogar com a natureza, o que será extremamente prazeroso para cada um de nós.

Quando somos Isso para nós mesmos, dificilmente seremos Tu para o Outro e o Outro dificilmente será um TU para nós, pois ninguém dá o que não tem, ninguém vai além de si mesmo.

É por meio dessa reflexão que podemos aprender da natureza, da Mãe-Terra, o caminho para nos olharmos positivamente, aprendendo dela e com ela que somos muito mais lindos, inteligentes e capazes do que imaginamos. Para isso temos de aprender a apreciar nossa própria beleza, descobri-la e nos encantarmos com ela, em vez de olhar para o Outro e invejá-lo, pois ninguém é melhor ou maior que ninguém, somos apenas diferentes e é essa a linguagem silenciosa do mundo da natureza, dito mundo não humano.

Pense a Terra como algo vivo, um ser vivo. Pense que esse ser cósmico é vivo, pensa, sente, faz e fala como você. Esse ser é um *show* de beleza, de força, de determinação, como você. Ele não se impede em nada, simplesmente se deixa acontecer. Ele pensa silenciosamente, sente em profundidade, faz com extremo cuidado e fala por sinais. Ele não se sonega. Cada um de seus sistemas é autônomo, livre, embora sempre conectado com seus outros sistemas. Com nosso Planeta deu certo, e com você? Como está? A Terra é um TU para si mesma, está feliz de ser como é. E você? É um TU ou um Isso para você mesmo? O que está faltando ou sobrando? Pensa simplesmente, porque esse é o caminho do sentir, do meditar em profundidade.

A relação EU/TU é uma relação privilegiada, não acontece a todo instante, é fruto de uma maturidade que, por sua vez, é fruto de muita reflexão, silêncio, humildade e, sobretudo, de muito contato, de muita procura de encontrar-se consigo, depois com o outro.

A busca do TU é a busca do essencial, da totalidade viva do Outro pela recriação constante do ISSO que nos invade e insiste em ser ele o caminho normal, que é o caminho da causa e efeito, da materialidade *versus* imaterialidade, da quantidade *versus* qualidade. Quando transformamos o ISSO em TU, a quantidade se transforma em qualidade, a matéria em espírito, a realidade fenomenológica é recriada não a partir de uma nova matéria, mas de um novo significado.

> O homem é parte da natureza, ele é um evento biológico; portanto, a sociedade é parte da natureza [...] uma reintegração só será bem-sucedida [...] quando cada atividade deliberada ou espontânea, pensamentos ou instintos forem olhados e tratados como um processo biológico. (Perls *et al.*, 1997, p. 517)

Se o homem é um evento biológico, terá necessariamente de ser definido como animal-racional-ambiental, e essa será a grande mudança para um paradigma diferente. O homem definido como animal-racional olha a natureza de cima, a distância, como um dono que conta os metros de terra como coisa sua, propriedade sua. No momento que prevalecer a ideia de que somos ambientais e de que a ambientalidade faz parte de nossa essência, e o homem puder experienciar emocionalmente essa realidade, ele não verá o Planeta de fora, mas de dentro, incluído nele, parte dele, sabendo que tudo que acontecer ao Planeta acontecerá também a ele, aos seus filhos e netos.

Aí poderá surgir, e certamente nascerá, no coração do ser humano, uma humanidade, uma empatia, uma inclusão e uma compaixão pelo Planeta. Ele poderá vê-lo como fruto da sabedoria cósmica, fruto de uma milenar experiência de procurar sempre a melhor forma, uma configuração perfeita, uma Gestalt plena, e se curvará encantado com a caminhada do Planeta, colhendo daí sementes de contemplação que farão dele um Mestre, um sábio.

Espiritualidade é a busca constante da boa forma e, porque somos espirituais, buscamos, instintivamente e sempre, a melhor forma – que, agora, se expressa em estarmos permanentemente em caminho. Somos naturalmente espirituais, como somos naturalmente caminhantes; mas caminhar não é apenas dar passos, ainda que numa direção preestabelecida e, talvez, lógica. Caminhar não é ter a perspectiva do trajeto, é ter sempre a perspectiva da chegada, diante dos olhos, ainda que não se tenha certeza da chegada, dado que, a cada momento, surgem atalhos que nos convidam a recriar o sentido da caminhada.

A certeza do encontro mantém o caminhante em movimento, embora nunca esteja seguro de que afinal suas expectativas serão preenchidas. Essa angústia diante do possível cria o imaginário que tanto pode caminhar na direção de um encontro às mil maravilhas como de algo profundamente frustrante e decepcionante.

Ao mesmo tempo que é verdade dizer que o caminho se faz caminhando, também é verdade dizer que o caminho constrói o caminhante. Mas, mais que construir seu corpo, o caminho constrói sua Mente, seu espírito. O caminho, muito mais que de pedras, chão, é feito de sentimentos, emoções, experiências e vivências que o tornam, a cada momento, diferente do que acabou de acontecer. É a esse processo que chamamos a busca da *boa forma* ou *lei da pregnância*. Ou seja, nada é definitivo, tudo tem uma disposição interna, por natureza, para evoluir, para caminhar, sempre à procura de um novo rosto por meio do qual sua beleza e suas potencialidades internas possam se revelar.

Nesse eterno e dinâmico vir-a-ser está a mais profunda e complexa relação com o processo de busca da Espiritualidade, por meio da qual o ser humano busca, quase que de maneira inevitável, parecer com seu Criador, cônscio de que é permanentemente contingente.

Essa sensação, ou melhor, essa certeza de que somos contingentes, cria em nós uma mobilidade existencial que nos afasta de uma visão de homem como um ser absoluto, pré-fabricado, pré-determinado, cuja essência contém tudo, o define, permitindo apenas que, no seu processo evolutivo, ele vá revelando paulatinamente aquilo que antes continha como constitutivo do seu ser.

Ninguém é perfeito, nada na natureza tem a totalidade perfeita e absoluta. Se isso fosse possível, a evolução seria inviável, o processo de mudança se tornaria, essencialmente, caótico.

> Pode-se entender que o ser, assim concebido, não teria possibilidades de aquisição de propriedades novas, há apenas a re-li-

gação das propriedades inerentes àquela substância. Todo desenvolvimento e evolução é o desenvolvimento ou o desdobramento daquilo que existe em potencial no ser – essencialismo. Em resumo, o ser, concebido como substância, possuiria, ainda que virtualmente, nesse único ato de existir que o determina, através do princípio da "forma", todas as qualidades ou propriedades, independentemente da variação das circunstâncias ou de eventuais relações com outros seres, constituindo-se sua existência em um processo teleológico de efetivação dessas propriedades. (Malaguth, 2008, p. 62)

Essa visão nos leva a ver a realidade como pré-determinada, tirando das coisas e pessoas todo o processo de mudança e de surgimento de novas realidades. Na verdade, vivemos, ao contrário do que afirma uma visão substancialista, num campo de forças unificado, no qual a relação Pessoa/mundo se faz por meio de um instinto natural presente em todas as pessoas e no próprio campo de que a realidade se organiza do melhor modo possível. Não fosse assim, a essência da evolução seria o desmantelar de todo o existente. Há no Universo-como-um-todo um instinto evolutivo para o mais perfeito, para a melhor configuração, para a melhor forma, para que tudo esgote suas próprias possibilidades de existir.

Smuth fala em *holos*, uma força sintética no e do Universo por meio da qual ele se organiza em "todos", no qual as partes se inter e intrarrelacionam, formando uma unidade geradora de novos todos, cada vez mais complexos e que, guiados pelas forças do campo, se orientam para um processo evolutivo cada vez mais complexo e perfeito.

> Este domínio das partes pelo todo significaria o restabelecimento de uma "relação geradora básica", ligando de modo necessá-

rio, as partes à organização total. Esta "organização funcional" de forças naturais surge como o princípio gerador de toda a realidade fenomênica, tanto das físicas, como das fisiológicas e psíquicas. (Malaguth, 2008, p. 61)

É como se no Universo existisse um instinto cósmico por meio do qual tudo se auto-organiza, produzindo o melhor efeito, o melhor resultado. O Universo não é dual, ele não divide, não separa para poder evoluir. Ao contrário, tudo se junta a tudo. As partes de um Todo, embora nem todas evoluam por igual, não se opõem uma à outra; ao contrário, esperam, cedem lugar, deixam passar. E assim tudo vira um Todo cada vez mais evoluído, permitindo que o Universo, como um imenso campo unificado de forças, produza um espetáculo cada vez mais eficiente, visível e estético.

Existe uma relação parte/Todo extremamente funcional, sendo ela a essência do processo evolutivo, como organizadora de todos. O Todo é diferente e maior que a soma de suas partes em dada realidade na qual o Todo, como uma força organizadora da evolução, "toma conta" das partes, conduzindo-as a uma determinação, sempre à procura de uma unidade de sentido cada vez mais complexa e, consequentemente, mais criadora.

A formação de um Todo segue a lei da pregnância, processo por meio do qual todos os seres possuem uma consciência e uma inteligência cósmica, como um instinto, que os impulsiona a ver longe ou de longe entender o que é melhor para eles e seguir esse instinto na procura da melhor forma possível. Pode-se perceber, nessa concepção, o caráter holístico do Universo. Um Universo que é um macrotodo, constituído de microtodos, que, por sua vez, são constituídos de infinitas partes, formando um movimento, uma dança cósmica, em que todos os todos olham na mesma direção e se dirigem para lá como um exército que caminha, amorosa e inteligentemente, para a apoteose, parcialmente final, de se mostrar em toda a sua beleza, assumindo não importa que forma, mas com certeza a melhor.

A pregnância cósmica é o maestro a cuja batuta todos os seres obedecem. Tudo no Universo é controlado pela lei da *Pregnância Estrutural,* tanto a doença quanto a saúde. Ambas, a seu modo, refletem as possibilidades de um campo de forças.

Em princípio, não existe exceção no Universo, isto é, milagres. Às vezes parecem coincidências, mas toda coincidência traz, em seu bojo, algum tipo de providência criativa. Existe no ser uma força interna para evoluir do melhor modo possível e é essa força que organiza o campo e forma a lei da pregnância ou da boa ou melhor forma.

O processo ecológico cósmico é o mais real e total processo de pregnância universal, porque suas partes não são inertes, inconscientes, caóticas, mas forças que encerram em si uma direcionalidade rumo ao infinito.

As coisas têm inveja e saudade de Deus, de onde tudo procede, e por isso possuem o instinto de se transformar Nele. Por isso, penso também que a lei da pregnância ou da boa forma é a lei da evolução pessoal existencial, que de algum modo explica tudo e, num processo de eterna busca, termina encontrando e ressignificando o sentido de nossos mistérios – que escondem nossas verdadeiras motivações e necessidades e o nosso mais legítimo processo de evolução pessoal.

De maneira mais técnica,

> "Pregnância Estrutural", ou seja, esta tendência real do campo de forças à melhor organização possível, dentro de suas condições estruturais presentes, leva a atitudes efetivas, traduzindo-se

em operações de *centralização, de agrupamento, de segregação e de transposição estrutural* [...] também, muitas vezes, a pregnância se revela como um impulso levando diretamente ao surgimento de características de uma situação segunda, ainda a ser criada. (Malaguth, 2008, p. 67)

Estamos falando, portanto, de um instinto inteligente, presente no Universo, que age mirando sempre um novo horizonte onde a realidade até ali feita possa ser refeita, recriada a partir de todas as suas novas possibilidades.

Na verdade, estamos imersos em mistérios e um deles, talvez o mais complexo, é *a presença do mal no mundo*. Seria o mal uma boa forma? As doenças, as guerras, a morte são componentes do e no universo. Poderiam essas realidades ser entendidas, justificadas dentro de uma dimensão evolutiva e holística do Universo, dado que tudo isso acontece no campo e tudo é um Todo?

Partimos do princípio de que o corpo é um campo de forças unificado que abrange centenas de microcampos, todos em inter e intrarrelação, caminhando e funcionando juntos na produção da melhor forma de estar aqui no mundo. Esses microcampos são soberanos, em parte. Eles têm o impulso teleológico de funcionar mediante uma chamada, uma convocação teleológica do Todo ou da totalidade existencial, embora não sejam absolutos em si mesmos. Assim, operam com certo nível de liberdade, de independência, pois a realidade é sempre relacional. O modelo da relação Pessoa/mundo (dois micro[macro]campos, se pensamos a totalidade cósmica) é a afirmação real e até metafísica de que a realidade não é inerte, mas viva; e, se viva, presente na existência.

Trechos do caminho são percorridos diferentemente pelos órgãos do corpo e da realidade. Quando um órgão, por razões as mais complexas, não consegue seguir o apelo da totalidade para que ele produza a melhor forma, todos os outros órgãos entram em contato entre si para ajudar aquele que não consegue produzir como esperado – o que poderíamos chamar de *cumplicidade orgânica*. O mesmo acontece existencialmente com cada pessoa e com o Universo. Às vezes, a totalidade ou o Todo não conseguem resolver o problema de uma parte deficiente e, então, por causa dessa deficiência, o todo tenta ser profundamente criativo na procura de novas soluções.

O mal gera novas possibilidades de existir, obrigando o Todo a dar o máximo de si na solução de novos caminhos, embora entendamos que essa seja uma resposta parcial. Vamos pensar factualmente: um câncer, um desastre aéreo em que dezenas de pessoas, cada uma com um "destino" existencial exclusivo, morrem, ou a queimada de uma floresta, fruto da irresponsabilidade de alguém. Estamos falando de um campo unificado de forças, i.e., que atos físicos, psíquicos ou ações, em geral, são frutos da mesma matéria. Ou seja, que nesse campo unificado de forças estas não lutam entre si, mas se alinham na produção do mesmo efeito, i.e., que essa "pregnância estrutural", no dizer de Wertheimer, significa uma tendência do campo de forças a se realizar do melhor modo possível, não importa a direção, sob condições estruturais daquele campo e naquele momento.

A organização dessas forças no campo segue operações de centralização, de agrupamento, de segregação e de transposição estrutural, o que significa a possibilidade de uma "luta ou trabalho" interno no campo. Contudo, como as partes são regidas pelo princípio da Totalidade, elas se organizam, na maioria das vezes, para a produção da melhor forma. Pode acontecer, entretanto, que a força de uma parte seja tal que ela escape à organização dinâmica do campo, formando um "mal", ou um "mau", ou um "bom", iniciando assim a formação de um novo Todo, o que chamamos de *criação de uma situação segunda*. Sua finalidade não é a de substituir ou corrigir a primeira situação ou o campo de onde ela emerge, mas de colocar a situação primeira em boa ordem, numa nova direção.

Existem muitos movimentos diferentes dentro de um campo unificado de forças, mas eles nunca são opostos uns aos outros. Embora diferentes, eles têm o impulso para a boa forma. Um campo unificado de forças não funciona homogeneamente, seus elementos ou componentes se organizam de modo diferente, ora se organizando internamente, ora se agrupando a outros microcampos, ora se separando do restante, como a começar um novo campo, ora indo além de suas próprias possibilidades internas. Isso significa que às vezes, nessa múltipla divisão de trabalho, em função das condições estruturais do campo naquele momento, algo escapa à ordem geral teleológica. Escapa seja no sentido de colocar ordem na situação já existente, seja como um início de uma nova ordem de coisas já preexistentes no campo, que ainda não podem diversificar da ordem até então vigente.

A presença do mal no mundo é, com certeza, um paradoxo por meio do qual o Cosmo, por um caminho às avessas, continua seu processo evolutivo rumo a uma ordem maior e mais complexa. Ou seja, tudo que acontece no campo segue a lei da pregnância ou da procura da melhor forma.

> Assim, o campo e o comportamento de um corpo são correlativos. Como o campo determina o comportamento dos corpos, este comportamento pode ser usado como indicador das propriedades do campo. O comportamento do corpo, para completar nosso argumento, significa não só o seu movimento em relação

ao campo, mas refere-se igualmente às mudanças que o corpo sofrerá. (Koffka, 1975, p. 54)

Qualquer elemento novo modificará, portanto, todo o campo e sofrerá igualmente todas as influências dele. O espaço vital de uma pessoa é necessariamente composto pelas forças presentes na pessoa e no campo. Koffka (1975, p. 54) deixa isso muito claro, referindo-se ao campo físico, embora possa também aplicar-se a qualquer campo, psíquico ou social: "O campo físico é o campo do meio geográfico e nós mostramos que o comportamento deve ser explicado pelo meio comportamental, i.e., pela experiência do sujeito no campo".

O meio comportamental é regulado pelo princípio de que "não há mudança de movimento sem uma força". Ora, se não há mudança de movimento sem uma força, devemos concluir que todo processo evolutivo de qualquer ordem supõe uma diferenciação no campo, "pois a ação pressupõe campos heterogêneos, campos com linha de força com mudança de potencial" (Koffka, 1975, p. 55); pois "nenhuma ação, nenhuma tensão". De fato, nessa condição, até a diferenciação entre o Ego e o seu meio tende a ficar imprecisa; sou parte da paisagem e a paisagem é parte de mim (Koffka, 1975. p. 55).

Talvez o mal, como um princípio de boa forma, apareça para causar tensão no campo, uma vez que não há mudança de movimento sem uma força heterogênea no campo. A evolução precisa de tensão para continuar seu curso. Se ação é movimento e a presença do mal é uma tensão no campo, o mal como movimento concorre para a evolução do Cosmo, assumindo às vezes a forma de centragem, de agrupamento, de segregação ou de transposição estrutural. O mal é, com certeza, um campo com linha de força com mudança de potencial, ainda que os caminhos para seu surgimento e para sua evolução permaneçam frequentemente desconhecidos, embora também saibamos que, se o campo determina o comportamento dos corpos, também estes determinam o comportamento do campo.

Isso significa que não se pode falar do mal como algo absoluto e independente do campo de forças em que ele nasce. Cada mal é fruto de um campo. O mal não brota por acaso, ele nasce de uma série de variáveis presentes no campo. Se queremos conhecer a natureza do mal, temos de conhecer a natureza do campo de que ele brota. Não se podem atribuir propriedades de um mal a outro mal, como também não se podem atribuir propriedades de um campo a outro. A cada mal e a cada campo sua própria maldade. Como diz a sabedoria popular, "Há males que vêm para bem" ou "Nem todo mal é mal". Eu modificaria para: "Nem todo mal é mau".

Eu entendo, assim, que o processo da espiritualidade passa por uma constante busca de boa forma. Digo até que essa busca já é um processo de espiritualização da realidade, à medida que a pessoa vai dando lugar, internamente, a um processo criador e criativo de uma nova realidade, cada vez mais distante da má forma anterior e mais próxima da boa forma ou de uma totalidade significativa. Talvez possa dizer que, assim como a má forma tem que ver com uma quantidade que aprisiona e privilegia as partes, também a boa forma tem que ver com uma constante procura da qualidade, que libera e expande – e já é algo do campo da imaterialidade e, consequentemente, mais próxima da Espiritualidade de uma totalidade criadora.

A Espiritualidade tem que ver com a busca constante de uma integração cada vez maior das partes com seu todo. Só é real o que é total. Não existe realidade lá onde as partes não se casam, não se integram, embora a parte em si tenha sua própria e limitada realidade. Quero dizer que os ponteiros de um relógio, peças fundamentais para seu funcionamento, "nada" são quando separados do relógio. Sem perder sua realidade, a parte se descaracteriza por estar fora do lugar. Também a Pessoa Humana "é", como um relógio, composta de mil partes, cada uma com seu valor e sua importância na constituição do todo, mas é a totalidade que as torna, de fato, significativas. Cada parte tem uma organização própria, mas tal organização não é nada se ela não funciona com base em dada totalidade que torna suas todas as partes e as faz funcionar seguindo o movimento criador nelas impresso pela totalidade. A totalidade tem o instinto da boa forma, mas não é absoluta, rígida, isolada. Ela é totalidade dentro de uma totalidade maior.

O Cosmo é feito de totalidades, de todos harmoniosamente inter e intrarrelacionados caminhando juntos e sempre para a produção de algo maior e mais complexo. Essa visão é o que dá sustentação à Ecologia, no sentido de que tudo é relacional a outro Todo, ou seja, tudo no Universo é relacional. Nesta grande casa chamada "Cosmo", tudo se relaciona com tudo e é esse relacionar-se que torna possível a evolução. Também o Universo-como-um-todo está sempre à procura de sua boa forma, de encontrar cada vez mais qualidades que superem a rigidez da quantidade, seja ela de que natureza for. E tudo no Universo segue essa lógica. Se ela é a lógica do Universo, é também a lógica que rege todos os seres, estejam em que grau estiverem na escala da evolução. Não importa o nível de evolução, importa que por um comando da totalidade o Todo maior, chamado Cosmo, segue o mesmo movimento à procura da boa forma, embora em estágios diferentes.

Esse instinto cósmico faz que, nessa caminhada teleológica, tudo transcenda sua fase anterior, rompendo limites, abrindo novas oportunidades, olhando firme na direção de um novo horizonte. Se é verdade que somos um microcosmo, também é verdade que o macrocosmo se sustenta de seus infinitos microcosmos, que em seu processo singular de evolução se incluem, necessariamente, no processo maior do Universo. Desse constante superar-se, desse constante transcender do Universo, desse eterno recriar as próprias possibilidades nasce o que eu poderia chamar de *Espiritualidade Cósmica*, da qual nasce nosso movimento singular para a Espiritualidade. O Universo imprime em nós seu movimento de Espiritualidade e não o contrário. Somos espiritualizados pelo Universo e, num segundo momento, por meio de um complexo processo de troca ecológica, também espiritualizamos o Universo.

4. Ecologia e espiritualidade*

GESTALT-TERAPIA tem sido definida como Terapia do Contato. Contato que chama, provoca, une, aproxima, transforma, socializa, mundaniza – e poderíamos ir ao infinito direcionando as mil formas de contato que presidem os nossos relacionamentos. Isso significa que o contato não é fruto de coincidências, mas de possibilidades, pois traz na sua essência a possibilidade de ser instrumento de criação; não é fruto do acaso, pois contém intrínseco ao seu processo o germe da intencionalidade que dirige o encontro entre os diversos seres do e no Universo, transformando-se na alma-mater que dita e dirige todos os passos evolutivos de nossa caminhada.

Definir Gestalt-terapia como Terapia do Contato significa em primeiro lugar que nós gestaltistas, ao nos definirmos como terapeutas do contato, temos de estar atentos e plenamente conscientes de que estar em contato é nosso principal instrumento de crescimento e de trabalho. Em segundo lugar, precisamos reconhecer que todos os seres estão em um dinâmico processo de intrarrelação, num cósmico processo de trocas, de interdependência, de impermanência, que preside todo o processo evolutivo humano e não humano.

---

* Este capítulo foi originalmente publicado, sob o título "Eu-Tu-Nós: a dimensão da alteridade no ciclo de contato", na *Revista da Abordagem Gestáltica*, v. XIII, n. 1, jan./jun. 2007.

Estar em contato é muito mais que estar atento, que estar consciente de si e do outro. Estar em contato é se tornar cúmplice da própria totalidade, em primeiro lugar, e da do outro, em segundo. É, de algum modo, estar sem opção, como uma liberdade que, ao me liberar para aceitar o Outro, me faz devedor dele como uma condição humana. Se o outro permanece outro ou outrem para mim, continuará um desconhecido, tornando presente minha dificuldade de me tornar eu mesmo, pois não me encontro comigo apenas por meu intermédio, mas por intermédio do outro.

Fazer, de verdade, contato com o Outro é a mais radical das possibilidades que ele me apresenta, pois dificilmente ele me olhará como parte integrante dele mesmo enquanto eu estiver diante dele como o Outro. Esse é um impasse que se apresenta a qualquer psicoterapeuta, pois como poderá ele sair de si mesmo para uma imersão na existência do outro se esse outro não se encontra no lugar do encontro ou se este estiver plenamente ocupado por ele mesmo?

Fazer um contato pleno significa aceitar o Outro tal como o percebo, é ir em sua direção, ainda correndo o risco de que ele não esteja lá onde imagino, porque um autêntico movimento na direção do Outro é, no mínimo, um salto na direção de si mesmo. Vencemos a separatividade mais acreditando em nós mesmos do que nos outros. Somos reais à proporção que o outro é real para nós, pois, quando caminhamos na direção do Outro, a meio caminho nos encontramos conosco.

Na verdade, estamos sempre a nos perguntar quem somos e quem é o Outro. O desdobramento dessa questão é lógico: como será penetrar no mistério do Outro? Creio que aqui também só existe uma resposta: é não perguntar, mas deixar-se conduzir pela vivência da única experiência possível, penetrar cuidadosamente no próprio mistério e deixar que nosso amor pelo Outro nos revele quem somos nós e quem é ele. O Outro é parte do mistério que se esconde em mim e para mim à espera de ser revelado, e Eu sou a possibilidade de revelação do que nele se oculta.

Estamos saindo do mundo das aparências para o mundo do real, do mundo do igual para o mundo do diferente, embora só na aparência o mundo do outro seja o mundo do diferente, porque na verdade somos muito mais iguais e muito mais semelhantes do que imaginamos. O Outro, pensamos, é o diferente de mim, ele é aquilo que eu não sou (ou ele não é o que eu sou) e, no entanto, nem sempre o mundo do igual torna duas pessoas iguais, porque tanto o igual quanto o diferente são diferentes um do outro para o outro.

Somos atraídos pela aparência do Outro. É ela que nos conduz até ele. Ela nos convida, nos instiga, nos seduz, nos silencia, nos faz medo. Eu paro, observo e, em frações de minutos, meu computador me dá pronto o retrato do Outro. É a totalidade intuitiva dos primeiros minutos.

As aparências não enganam. Isso é silenciosamente universal. Parece que temos no olhar a mesma máquina fotográfica mental cuja bateria se chama medo, prudência, risco, cultura, preconceito. Às vezes, quando revelamos o filme das nossas impressões, temos a sensação de que as aparências nos enganaram; aí, tentamos bater novas chapas, na ilusão de encontrar o que esperávamos, e então intuímos que as aparências não enganam, apenas não revelam tudo.

Assim, curiosidade e subjetividade estão sempre a meio caminho entre a realidade em si e nossa visão objetiva. As coisas não têm sentido em si, o sentido é sempre um encontro – que nem sempre acontece, porque o sentido não nasce de uma relação causa/efeito, mas da procura despretensiosa do outro. Nesse contexto, podemos entender que a questão da alteridade passa necessariamente pelo modo como cada um de nós vê o mundo. Na verdade, a apreensão da realidade do outro é muito mais uma fabricação nossa do que a própria realidade dele apreendida por nossos sentidos, embora nada vá ao intelecto sem antes passar por eles.

Nosso corpo é feito de uma carne totalmente contaminada pela nossa história. E como não é a carne que se faz palavra, mas é a palavra que se faz carne, nossa intuição perceptiva do outro está fatalmente contaminada por nosso corpo, pelo corpo do outro e por nossa história. Armazenamos em nós tudo aquilo de que necessitamos para o bom funcionamento do nosso sistema de autorregulação organísmica.

Ver é, assim, apenas um olhar, um ato mecânico, um toque visual na realidade do outro. Perceber, entretanto, é ir além do fenômeno imediato, é parar atento na realidade do outro, é colher e examinar detalhes e descobrir vida lá onde apenas pareciam existir informações vazias.

As aparências, não obstante tudo isso, nos seduzem e nos falam; e, às vezes, de maneira tão aparentemente clara que nos convencemos de que nossa percepção está correta e até tomamos atitudes preventivas, antes mesmo de qualquer contato com o outro. Isso é o predomínio da visão sobre a percepção, da quantidade sobre a qualidade, da matéria sobre a imaterialidade, da estrutura sobre sua organização.

Quantidade e qualidade são dois lados de uma mesma realidade. A quantidade, entretanto, tem intrínseca uma *qualitas*, espécie de alma, de energia, que é diferente do *quantum* da qualidade – que é também um suposto da quantidade e é o que nos leva a decidir. A qualidade dá vida, dá valor à quantidade. A matéria é um dado bruto, primitivo, original. É de ferro, é de pedra, é de madeira, dizemos. A *qualitas*, o imaterial no material, é uma espécie de sabor, de cheiro, de gosto, algo intrinsecamente inerente à matéria, que é igualmente presente em todos os seres. O incenso, por exemplo, é material, mas emite um cheiro que vai além da matéria, uma *qualitas* que só essa matéria possui, como um *proprium*.

Essa *qualitas* individualizante e singular, presente na quantidade, é a essência da alteridade, ao passo que o *quantum*, universalizante e coletivo, presente na qualidade, é a essência do diferente.

Forma, estrutura e organização andam juntas. Uma cadeira, por exemplo, tem uma estrutura material de determinada forma porque está organizada de tal modo. É na matéria e por meio dela que esses construtos fazem sentido. Mas, embora essas três dimensões aconteçam simultaneamente em dado objeto, elas se distinguem entre si e é essa distinção que cria a diferença entre um objeto e outro.

Distinguimos dois tipos de alteridade: aquela presente na diferença e que dificulta o contato com o outro; e aquela que transcende a diferença e forma um contato mais rico, porque a alteridade chama o olhar de ambos para a realidade deles com detalhes que nascem da busca espontânea do encontro.

A primeira, portanto, é centrada na materialidade do objeto observado, e a segunda é centrada na qualidade por meio da qual redimensionamos a quantidade a todo instante, extraindo dela, sob qualquer forma, toda a riqueza e potencialidade que ela possa oferecer àquele que a observa.

Alteridade, mais do que significar a individualidade singular de uma pessoa, é o que a distingue das demais. Ela se exprime por meio dos modos de sentir, de pensar, de agir e de falar que alguém vive na sua relação com o outro, despertando em ambos atitudes que interferem na relação. Em si, o processo da percepção da alteridade não separa, apenas distingue, ao passo que o processo da percepção do diferente não apenas distingue, mas separa.

A alteridade está na base de todo processo criativo e de transformação. Ela é o gene das mudanças que permitiram e continuam a permitir que todo nosso processo evolutivo se realize. A união e a síntese das diferenças criam o novo. Não se trata de geração espontânea, casual, trata-se de um processo de inclusão no qual as partes selecionam o que de igual as une. É como se nessa fase ocorresse a fecundação para, num segundo momento, dar-se o processo de multiplicação das células, do qual nasce o diferente que antes uniu os corpos ou as partes.

Falta-nos a dimensão ontológica e metafísica do que significa diferença, porque estamos imersos na dimensão estética e rotineira dos iguais, embora, inconscientemente, quando contemplamos o belo, estamos sempre à procura do que de diferente existe no objeto contemplado. O belo está fora do sujeito, ele precisa de distância para ser apreciado. O diferente não está nem lá nem cá, está no "entre". É no "entre" que a síntese ocorre, é no "entre" que tudo acontece, porque o "entre" é o lugar no qual a relação encontra seu verdadeiro significado.

Dizer "Eu, Tu, Nós", por exemplo, é uma coisa absolutamente rotineira. Entretanto, expressamos algo muito diferente quando usamos Eu-Tu-Nós, com o hífen ligando as três palavras. Eu, Tu, Nós são partes em relação, em ação ou não. São pronomes pessoais que registram uma geografia ou um espaço existencial, no qual não existe propriamente uma diferença, e sim uma distinção que, do ponto de vista gramatical, registra três pronomes diferentes quanto à pessoa, mas iguais por serem pronomes.

Eu-Tu-Nós deixam de ser, gramaticalmente, pronomes pessoais para significar e gerar uma relação acontecendo –

na qual as palavras, sem desaparecer, revelam entre si um compromisso existencial, relacional, em que o "eu", o "tu" e o "nós" se fundem e se confundem, indicando um espaço existencial de um processo de total cumplicidade – e aí o pronome vira nome.

Estamos em um processo ascendente, à busca de uma significação que transcenda uma simples perspectiva ou um simples olhar em um processo se fazendo. Nesse contexto, alteridade deixa de ser um mero construto para se transformar numa essência-processo que significa o resultado peculiar de uma fusão harmoniosa de diferenças. Estamos entrando no mundo da imaterialidade, da qualidade, das formas sem molduras inibidoras.

Quando diferenças se encontram e se harmonizam, cessa a materialidade de ambos e a alteridade, que é o conjunto que daí surge, se torna presente, permitindo-nos a releitura de outra realidade que se esconde numa realidade maior, a releitura do invisível presente na matéria e que dela surge como um perfume que uma flor exala sem deixar de ser flor. Estamos entrando no mundo do espírito pensante, da imaterialidade, da Espiritualidade, embora entendamos também que materialidade e Espiritualidade não são opostos, mas realidades vistas de diferentes ângulos.

Quando o Eu, o Tu e o Nós, o mundo das coisas, desaparecem no mundo do Eu-Tu-Nós, o mundo da relação inclusiva humana, desaparece a dimensão espacial limitante e surge a dimensão primeira do tempo, a consciência, em que o limite é o possível. Cessam os limites limitantes, surge a dimensão temporal que nos convida à expansão e a nos perdermos de nós mesmos em busca da máxima aventura de nos encontrarmos, de nos comprazermos e de nos encantarmos conosco. Quando isso acontece, visualizamos a Espiritualidade em ação, aqui-agora, parte-Todo se confundindo e uma Gestalt se fazendo plena pela vivência de um contato da pessoa com ela mesma, em primeiro lugar, e depois experienciando a diferença com o outro e percebendo que ela, longe de afastar, aproxima.

Buber afirma que todo o profano espera para se tornar sagrado. O profano é o momento pré-reflexivo do sagrado. É o básico, o inicial, o primitivo. Uma figura à espera de um novo olhar que, sem destruir seu original, seu primitivo, lance sobre ele uma releitura, de tal modo que, sem deixar a profanidade que contém em si, transcenda a si mesmo.

Estamos falando de uma atípica intersubjetividade entre o silêncio e a fala, entre a matéria e sua aparência, entre a coisa em si e o em si da coisa. Estamos falando de uma relação fenomenológica eidética transcendental, de tal modo que essa interrelação encontre, por meio de uma releitura, um de seus existenciais singulares e individualizantes. A alteridade se constitui no momento em que o diferente surge entre dois seres que têm a mesma existência vindo de uma única essência (por exemplo duas mesas), mas, não obstante terem a mesma essência, são diferentes entre si (por exemplo na forma). Olhando para as duas mesas, poderíamos dizer: esta mesa é outra mesa, comparada à primeira. Assim, existe uma alteridade objetiva quando, não obstante as duas mesas terem a mesma essência de mesa, elas são objetivamente diferentes entre si; ou uma alteridade subjetiva quando, de fato, elas são iguais, mas o observador as vê diferentes.

É sobretudo pela alteridade subjetiva que se constitui o mundo do encantamento, no qual o sagrado toma o lugar do profano e a matéria se transfigura em mil possibilidades, transcendendo para o mundo da Espiritualidade. Quanto mais profunda e sensível a subjetividade do observador, mais ele descobre os mil modos diferentes que moram no igual que ele observa. O encantamento que é a alma da Espiritualidade é função do diferente que se descobre nas coisas. A alteridade que antes se colocava entre o profano e o sagrado é agora o elemento princípio de toda síntese. Elemento que permite a todo ser, sem deixar de ser ele, incluir-se holisticamente na multidão de possibilidades que todo ser apresenta e, assim, transcender, fazendo a ponte entre o igual e o diferente, que constituem *o substratum* de toda a realidade.

A alteridade não é, necessariamente, o que separa dois seres ou coisas nem o que separa uma coisa da outra, tornando-a a outra, nem é o que duas pessoas, ou até uma, veem como diferentes a partir de seu mundo subjetivo. A alteridade é, simplesmente, o lugar onde mora a diferença. Não a diferença que separa um objeto do outro, mas a que faz duas pessoas verem como diferente, em um único objeto e momento, uma mesma realidade. A alteridade, nesse contexto, distingue qualidades e não quantidades. Ela não nasce do encontro de duas matérias brutas, mas do surgimento da percepção das possibilidades que um único objeto, contemplado por uma ou mais pessoas, contém em si. A essência da alteridade emana da unidade e unicidade do objeto e repousa na multiplicidade de suas possibilidades como existente, pois, não obstante ser única, singular e individual, a realidade se oferece para ser mil possibilidades para o olhar que a contempla.

A essência da Espiritualidade é constituída pelo mesmo processo. O objeto contemplado inunda a mente contemplativa de suas mil possibilidades, de tal modo que, ao descobrir suas mil possibilidades ou diferenças, o objeto se transcende, levando a mente contemplativa, ao transcender suas possibilidades, a superar todo vínculo de materialidade, de forma que sua essência seja simplesmente ser um ser de infinitas possibilidades. É nossa percepção, entretanto, transformada em contemplação, que nos transporta da imanência para a transcendência – que é a aceitação amorosa da interdependência de todas as coisas, quando tudo é ressignificado e um contato pleno se transforma em *uma Gestalt plena.*

A alteridade tem também suas raízes na interdependência de todas as coisas. Esta, por sua vez, é a essência criativa da evolução que gera uma infinidade de estruturas e formas que se organizam a partir da imanência da totalidade que constitui todos os seres.

Acredito que a alteridade é um dado que caminha entre quantidade e qualidade, e talvez eu possa dizer que a quantidade está para a imanência assim como a qualidade está para a transcendência – e que o que rege todas essas propriedades é a interdependência, que não é algo fixo ou estático que trava o processo de mudança. Ao contrário, interdependência gera energia e movimento de e para a mudança, pois ela é a força, o elo que liga o igual de duas realidades, permitindo que o diferente emerja.

Tudo que consideramos pronto, acabado, tem imanente em si a totalidade, pois é ela que define a essência dos seres, sendo o processo evolutivo um processo de transferência de totalidades, de Gestalten plenas. Só quando um ser atinge sua totalidade, uma totalidade aqui-agora, é que ele desponta para um novo ciclo de horizontes evolutivos. Só quando um ser é pleno de qualidade ele se abre para novas quantidades – que é o carro-chefe do processo evolutivo.

Um ciclo recomeça quando uma totalidade se completa. Uma totalidade é feita de quantidade e de qualidade, que não se distinguem em dado objeto ou coisa, porque não se trata de superação, mas de cooperação. O Universo funciona em ciclos, tudo nele é cíclico: as estações, os ciclos lunares e solares, as marés, a menstruação – uma configuração de totalidades, que, por sua vez, são formas complexas de contato por meio das quais tudo se organiza no Universo em períodos ou revoluções sempre iguais no que diz respeito ao tempo, e tendem a repetir-se na mesma ordem.

O ciclo é um sistema operacional por meio do qual dada realidade retorna aparentemente com o mesmo programa, mas carregada agora das energias ou qualidades de todo um percurso anteriormente feito. No nosso contexto, é também duração. Não uma duração matematizada, quantificada; ao contrário, ele registra o tempo vivido em que as qualidades da experiência sinalizam processos de mudança em curso. É movimento em ação, contínuo, com começo, meio e fim. É uma síntese processual, pois espera seu próprio retorno, embora nunca passe pelos mesmos pontos anteriores de maneira idêntica à primeira vez.

O ciclo nunca está pronto, ele parece pronto. Ele é a medida do processo evolutivo. Caminha para a frente e para cima e registra em si toda a transcendentalidade das coisas que têm ínsita a vocação para a plena realização. É constituído de momentos, de fases, de passos que caminham sempre à procura de sua própria inteligibilidade e completude. É como uma Gestalt plena, cuja totalidade é fruto de um complexo processo de contatos à procura de completar-se sempre para, em seguida, dar início a um novo ciclo.

Todo ato resultante de uma potência no pico de suas possibilidades está pronto para iniciar um novo ciclo, uma nova criação. Um ciclo só gera o início de outro quando atingiu sua máxima possibilidade de rendimento. A paciência do Universo é a responsável por suas mudanças numa ordem de crescente complexidade, de tal modo que, somente quando uma Gestalt se completa, se torna plena, ela dispara novamente todas as suas possibilidades de dar início a novos ciclos.

Uma Gestalt só é plena quando atualiza todas as suas possibilidades de qualidades, quando se transforma numa totalidade. Então ela se predispõe para um novo ciclo, para uma nova caminhada, e se abre em infinitas partes nas quais a quantidade recomeça seu longo caminho de se transcender em qualidades. Essa é a metafísica do ciclo: que toda quantidade se transfenomenalize em qualidade e toda qualidade se transforme em uma configuração perfeita, em uma Gestalt plena.

Evolução é o caminho que dá lugar ao surgimento do diferente, abrindo a perspectiva de que novos ciclos se iniciem transitando da pura materialidade para a imaterialidade de uma qualidade superior. Evolução é caminhar para o diferente por meio de ciclos distintos, nos quais todo o Universo persegue objetivos, resultando cada vez melhores, cada vez mais visíveis e reais, porque, no processo evolutivo, as escolhas cósmicas obedecem a uma sagrada teleologia em que a realidade acontece por meio das necessidades básicas de uma construção de um mundo cada vez melhor.

Evoluímos, também, transcendendo a alteridade que mora em todas as coisas por meio da intuição primeira das essências do mundo contemplado, podendo, assim, ascender a uma mais consistente Espiritualidade da qual tudo parte, para a qual tudo converge e na qual todo significado se completa. Evoluir é transcender do igual para o diferente e, não fora a interdependência de todas as coisas, a evolução não seria possível, porque o caos seria a fixação de todo movimento de mudança. A alteridade tem, portanto, na interdependência de e entre todas as coisas seu processo natural de sustentação.

O diferente explicita a alteridade, que é o princípio ativo que move a evolução. Evoluir é fazer eclodir em possibilidades o diferente que mora no ser à procura de se tornar mais um outro. Evoluir é um mágico processo de criação no qual um ser se predispõe a se tornar infinitos outros, em infinitas partes diferentes do ser que as originou. Talvez eu possa dizer que a ordem divina *"Crescei e multiplicai-vos"* possa ser reformulada para *"Evolui, descobri e gerai todas as vossas possibilidades"*. Evoluir, portanto, significa a tentativa de esgotar, em ação, todas as possibilidades de transformação que um ser encerra em si.

Imaginemos todos os seres do Universo seguindo seu instinto evolutivo, obedecendo ao primeiro chamado, à ordem divina: *"Evolui, buscai e realizai todas as vossas possibilidades"*. O resultado não poderia ser outro a não ser este *show* cósmico de transformações, de beleza e simplicidade que o Universo nos apresenta a todo instante.

Se passamos do panteísmo para o panenteísmo, só nos resta dizer que a evolução é a demonstração mais clara da presença criativa de Deus. O Universo, hoje, é o resultado final da evolução que ocorre em ciclos e nos permite ver o diferente se fazendo em ciclos de transformação, sem que jamais parte de sua estrutura inicial e anterior se perca na sua forma posterior, em caráter absoluto. Alteridade absoluta também não existe e é por isso que podemos, não apenas metaforicamente, dizer que somos irmãos do Sol, da Lua, das estrelas e do mais ínfimo dos seres.

Estamos no mundo do encantamento, do deslumbramento, da imaterialidade, da Espiritualidade, o mundo no qual as diferenças não "registram" alteridades mas a unidade original de todos os seres. A alma de tudo isso é o contato que, em ciclos holográficos, permite a todos os seres, de algum modo, se transformar sem jamais se repetir e, ao mesmo tempo, contém, em cada uma de suas novas partes, a totalidade que a precedeu.

Não existem, portanto, Gestalten plenas, cheias, porque em um todo, apesar de ser um todo e como tal se apresentar, suas partes se encontram, internamente, em graus diferentes de evolução e é essa diferença que cria a alteridade entre elas. Alteridade que está mais no reino da qualidade do que da quantidade, o que permite ao organismo funcionar como uma unidade equilibrada e sempre à procura de sua autorregulação organísmica.

Não fora a harmonia causada pela alteridade das partes, o organismo funcionaria caoticamente, porque o que distingue o coração do pulmão não são suas diferenças, mas o fato de o coração ser um outro com relação ao pulmão e ambos habitarem um único e autêntico ser, o corpo, mágica síntese de alteridades de uma totalidade em ação. A alteridade é, portanto, a alma da harmonia corpo-Mente-ambiente e não a convivência das diferenças. A alteridade é o aspecto imaterial que reside na diferença, que é o que separa duas quantidades. A diferença, nesse caso, separa; a alteridade distingue. A alteridade não cria diferenças, ela é a superação, a transcendência da diferença.

A Espiritualidade é o desabrochar da alteridade, no sentido de que é por meio desta que o ser se encontra com todas as suas possibilidades. À proporção que o outro que mora no outro desabrocha, mais ele revela sua beleza, como uma flor que ao desabrochar revela todas as suas escondidas possibilidades de ser admirada.

Eu-Tu-Nós. O "Nós" é a alteridade em transcendência a caminho de uma Espiritualidade de comunhão comunitária em que o "Eu" e o "Tu" vivem uma absoluta provisoriedade à busca de se tornar um "Nós". Eu-Tu-Nós. O "Nós" é a sublimação, ou melhor, é a alteridade em transcendência, porque ele é a síntese das diferenças entre o "eu" e o tu". O "Nós" não é uma soma de "eus" e de "tus", ele é a expressão, a exteriorização de um contato que mexe na própria natureza da quantidade, dando nova forma ao encontro das diferenças pela assimilação do que de igual o ser encerra em si.

O "Nós" não é necessariamente apenas o encontro do "Eu" e do "Tu", mas do "Eu" com um "Tu" que é o Outro – seja esse outro pessoa ou qualquer coisa no Universo –, e entrou no campo perceptivo de quem o observa, permitindo uma vivência transformadora da própria natureza constitutiva da relação intrassubjetiva Pessoa/mundo.

O "Nós" é a transcendência da relação "Eu-Tu". O "Nós" é a Espiritualidade consubstanciada na alteridade que emana do Eu e do Tu. Quando Cristo disse "Eu e o Pai somos Um", este "Um" é o "Nós" que nasceu da diferença entre o Pai e o Filho – diferença que não separa um do outro, mas os consubstancia pela alteridade de uma mesma natureza, porque, na realidade, são duas pessoas em uma única natureza. Temos aqui um exemplo de como o "Nós" é metafisicamente um. O "Nós" é a máxima expressão da transcendência de diferenças concretizadas na natureza de duas realidades em interação.

Estamos falando de um tipo de contato que transcende qualquer fronteira, que invade o campo como uma totalidade cujo espaço vital não pode mais ser pensado como zonas periféricas e centrais, porque no "Nós" desaparecem o Eu e o Tu; ou o Eu e o Tu formam um fundo cuja figura os transcende pela superação de toda e qualquer fronteira. O "Nós" é o horizonte no qual desaparecem o Eu e o Tu e no qual ou do qual nasce a possibilidade de integração total das partes. O "Nós" não é a soma do Eu e do Tu, ele é a superação dos limites que aprisionam tanto o Eu como o Tu às quantidades condicionadoras do ser.

Quando penso Eu e Tu, quando digo Nós, estou somando minha realidade à do Outro. Nós é plural de Eu. O outro é sempre o outro para mim, até que de tanto percebê-lo não olho mais as quantidades que o definem, mas lanço meu olhar para além de mim mesmo e dele, procurando o invisível, o mistério que mora nele e, como numa espiral cíclica, vou, num eterno crescendo, deparando com a alteridade que nos unifica pela superação ou transcendência de nossa intersubjetividade, e, nesse instante, nos tornamos Nós.

Contato é, portanto, o instrumento de transformação de todos os seres. Sem contato a realidade para, se estagna e morre. Estamos todos em contato, que é a alma que preside a evolução no e do Universo. Estamos em contato, todos, queiramos ou não. Não é nossa vontade que determina a entrada ou a saída do contato, porque é de nossa natureza sermos contato, e ele significa e gera vida, movimento, inclusão, mudança.

Apesar de sermos intrinsecamente contato, selecionamos, é verdade, os contatos que fazemos. A perda, entretanto, da consciência de que somos necessariamente contato facilita a interrupção do fluxo vital que gera saúde, evolução e maior potencialização do nosso ser. Nesse sentido, o "Nós" é a síntese dinâmica de todas as diferenças, é a Gestalt plena, a configuração perfeita na qual todas as partes se confundem e se fundem num grande Todo. No "Nós" a alteridade se consuma pela manutenção da especificidade ontológica do Eu e do Tu.

Como temos dito, somos cíclicos, vivemos em ciclos físicos, existenciais e espirituais. Às vezes, percebemos a presença ou ação dinâmica de um ciclo mais do que de outro, o que depende da percepção de que parte do caminho estamos vivendo, mas, na realidade, como no processo evolutivo, não se pode distinguir um do outro. Podemos, sim, sentir, pela experiência do tempo e do espaço agora vividos, que todo o nosso ser está em processo de mudança.

Tais mudanças muitas vezes só são percebidas *a posteriori* e aparentemente não dependeram do momento ou da experiência que as provocou.

É por meio de mudanças cíclicas que me experimento como um ser de movimento e de mudança, e é por meio dessas mudanças que meu processo de alteridade ocorre, e cujo desenvolvimento nos revela, paulatinamente, que eu sou eu, mas, ao mesmo tempo, outro nasceu ou está sempre nascendo dentro de mim. Quanto mais amorosamente eu olho para esse Outro que está nascendo, tanto mais uma nova *qualitas* me transporta para o mundo do encantamento por mim mesmo. Quanto mais me abro para acolher minhas mudanças, tanto mais me conecto com o Cosmo que é a grande mãe geradora de toda mudança, de toda diferença e de toda alteridade.

Estar conectado com o Cosmo, sobretudo com a Mãe--Terra, é estar aberto para deixar nascer em si toda uma possibilidade de evolução e de crescimento. Acolher amorosamente o outro que nasce em mim é lançar raízes para uma transcendência que desembocará, infalivelmente, em níveis mais sutis de Espiritualidade, cada vez mais profunda.

A Espiritualidade, entretanto, precisa ser procurada, desenvolvida. Não evoluímos sem um real engajamento de procura de nós mesmos e do mundo. O crescimento espiritual é uma luta, não chega de graça e sem um grande esforço. Por outro lado, não é como um horizonte que, quanto mais se caminha na sua direção, mais distante fica.

A Espiritualidade é uma conquista, fruto de uma insistente ousadia de uma caminhada sem fim à procura de nós mesmos e do sentido último das coisas. Ela está aqui e está lá. Não tem um lugar certo, mas é certo que seu lugar é o coração e a Mente abertos para uma ressignificação constante da realidade que nos cerca. A alteridade do olhar virou o olhar da alteridade. O outro que eu via no outro não é mais o outro porque, quando as diferenças não importam mais, a alteridade, como dois perfumes diferentes que emanam de uma única essência, se unifica sob o olhar de quem observa – e então a ciência vira arte e a saúde vira um dom, uma graça.

Temos de lembrar que o grande instrumento para nossa evolução humana e espiritual é o *amor*, que chamo de *energia primária universal*. Ele é a argamassa que preside ao real processo evolutivo humano e cósmico. O amor é a única Gestalt plena, cheia, a única configuração perfeita, porque só ocorre quando a parte se dilui no Todo, quando quantidade e qualidade se confundem, quando a essência de algo se confunde com sua existência, vivenciada, aqui-agora, por meio de uma consciência emocionada e transformadora. O amor, síntese das diferenças e transcendência da alteridade, é inteiro, individual, comunitário, cósmico. E, quanto mais essência e existência se confundem ao olhar atento de quem observa a realidade, mais a quantidade se torna qualidade, mais a beleza e o encantamento ganham forma, mais o profano dá lugar ao sagrado e, paradoxalmente, a palavra vira carne. As diferenças então não importam mais, a alteridade entre o "Eu" e o "Tu" desabrochou no "Nós", o divino se humanizou, o humano se divinizou por meio de um contato que se transformou em uma Gestalt plena, cheia, divinamente humana, chamada AMOR.

5. Gestalt, ecologia e espiritualidade

A ABORDAGEM GESTÁLTICA tem na Teoria Holística e na Teoria do Campo sua principal base teórica. Da junção dessas duas teorias decorre todo um pressuposto que nos permite ter uma visão de mundo – da qual a relação Pessoa/meio ambiente surge como um indicador que nos aponta sempre o caminho a ser seguido. É dessa relação unitária, dessa dimensão "campo", que decorre a perspectiva ecológica da Abordagem Gestáltica.

O campo é o lugar onde a realidade acontece, por isso não existe um campo antes ou depois, ele é agora, acontece aqui-agora. Campo não é uma abstração, uma ideia, mas envolve uma situação, seja de que natureza for, que está acontecendo aqui-agora. Todo campo é relacional, só existe quando existe alguém nele. Eu sou o campo, o campo sou eu, ou seja, um não existe sem o outro. Um precisa do outro para que o campo aconteça, para que a situação se torne um fenômeno experienciado.

Quando dizemos que o ser humano é animal-racional-ambiental, estamos localizando a Pessoa no campo. Quando dizemos que a relação Pessoa/mundo/ambiente é um dado, estamos dizendo que o homem não pode ser pensado sem o seu meio, assim como o meio não pode ser pensado sem esse homem. Quando afirmamos que o mecanismo básico da sobrevivência é a autoecorregulação organísmica, estamos afirmando que autorregular-se organismicamente com e da Terra supõe um mecanismo de inclusão, de troca, de cumplicidade homem/Planeta, Pessoa/meio ambiente, sem o que a vida não seria possível.

Essa consciência é a alma da Ecologia Profunda, e esse dar-se conta é o que define a Abordagem Gestáltica como proposta de olhar o mundo não só com os olhos, mas com o corpo inteiro. Nosso campo, ou nossa situação, ou ainda nosso contexto, é tríplice: Eu, a Natureza-Terra e o Universo. Cada um é função do outro, não tendo como nos excluírmos dessa responsabilidade sem nos tornarmos cúmplices de todo o problema que a Terra e o Universo estão vivendo. Somos três realidades diferentemente vivas e em ação conjunta. Essa visão e esse jeito de funcionar ainda não foram assumidos por muitas pessoas que veem o Universo como se ele fosse feito de pedaços, pedras, água, bichos, vegetais, cada um por si, esquecendo-se de que estamos tratando de totalidades inter e intraligadas, formando um Todo organizado, indivisível, que é diferente e maior que a simples soma dessas partes ou pedaços.

Pensar que o Universo é vivo nos ajuda a pensar o sentido da vida de maneira mais fluida, mais integrada. Ajuda-nos a pensar um jeito mais eficiente de deixar fluir a energia do viver, dando-nos a sensação de não estarmos sós na existência, de sermos uma multidão atuante, em ação. Participamos dessa multidão que caminha no sentido de dotar a existência de todos os atributos que são dela, mas nos passam despercebidos exatamente porque desaprendemos ou não aprendemos que o Universo é vivo e não somos os únicos que têm o privilégio da vida.

Perls dizia:

> Eu proponho a ideia de uma *awareness* universal como uma útil hipótese que se opõe à tendência de tratar nós mesmos como se fôssemos uma coisa [...] Por meio de nossa experiência de nos darmos conta, podemos olhar o resto do existente de maneira diferente e supor que existem vários graus de *awareness* em todas as coisas. A flor que se volta para o sol tem consciência da luz do sol. Com base na hipótese de uma *awareness* universal podemos nos abrir para nos considerar os mesmos como sendo intrinsecamente iguais ao resto do existente. (Perls *apud* Cahalan, 1995, p. 90)

As consequências dessa afirmação do fundador da Abordagem Gestáltica são de proporções incalculáveis, sobretudo no que diz respeito à questão da condução de nossas vidas na relação de contato com o restante de nós: o Universo. Essa afirmação é a essência da Ecologia, isto é, que Ecologia não é apenas relacionar-se com o Universo, mas entender e viver a ideia de que nós somos o universo, de que não existem duas realidades (nós que pensamos e o Universo que segue seu caminho sem se dar conta de si mesmo).

Não é sem razão que Joel Latner escreveu: "A Gestalt-terapia começa com a natureza. Sua inspiração e seus princípios básicos são tomados com base em uma visão do livre funcionamento na natureza *do* nosso campo e *do* nosso comportamento saudável" (Latner, 1973 *apud* Calahan, 1995).

E mais adiante acrescenta:

> Todas as criaturas vivas e os elementos inorgânicos do universo constituem conjuntamente um campo, e nosso livre funcionamento exige que mantenhamos contato com todo o campo e que incluamos nele a série de ajustamentos que compõe a qualidade de nossas vidas no planeta. (Latner *apud* Cahalan, 1995, p. 90)

Essas reflexões nascem do fato de que Gestalt significa configuração, totalidade, e essas afirmações nascem naturalmente do fato de que tudo no Universo é um todo e forma uma Gestalt, uma unidade de sentido na qual não se sabe onde termina uma parte e começa a outra. E assim nós somos um tudo-com-a-natureza-que-também-é-um-todo, sendo um diferente do outro, mas não se distinguindo um do outro. Somos todos uma única realidade que se mostra de mil maneiras aos olhos e à inteligência de quem deseja conhecer a natureza íntima da realidade.

Não nos esqueçamos de que tanto a ameba como o elefante têm o dom da vida e são feitos da terra, da água, do fogo e do ar – elementos que, de algum modo, têm movimento, têm vida para compor, lá na frente, a vida inteligente, que é o ponto culminante do processo evolutivo, sendo que tudo o mais foi e é um derivativo. Quando falamos de unidade entre nós e o mundo, estamos dizendo que essa unidade só é possível porque temos a mesma natureza evolutiva.

Não somos partes de um Todo chamado Universo. Somos o Universo em evolução e o que nos distingue dos demais seres é o nosso nível de evolução, porque somos o último momento ou processo da evolução. Quando olhamos para trás, vemos minerais, vegetais, animais não racionais, e vemos neles nós ontem, porque eles registram momentos de uma evolução milenar. Tudo no Universo ainda está em evolução. Se o Universo é vivo, se a Terra é viva, temos de pensar que tudo nele vive um permanente ajustamento cuja finalidade é gerar, cada vez mais, uma melhor forma, uma melhor configuração, uma melhor qualidade de tudo que existe.

Na realidade não é o Universo que nos imita, somos nós que o imitamos, é dele que temos de colher a sabedoria milenar que tudo guia e controla. O homem atual perdeu, há muito, a noção de cumplicidade cósmica. Ele não pensa em salvar o Universo, mas sim em como driblar suas leis, em empurrar para a frente possíveis efeitos funestos, esquecendo-se de que nada do que fizer ao Universo será neutro de consequências para ele. Nada mais humano que o Universo – humano, i.e., feito de humo, de terra; e como nós, que estamos ou somos a ponta avançada da evolução, ele também sente, pensa, faz e fala.

O Universo é gestáltico e a Gestalt é cósmica, assim como eu sou o Universo e o universo sou eu. Aqui existe uma permanente relação de intertroca: ora somos figura, parte, ora somos fundo, Todo, dependendo de nossas necessidades que estão inextrincavelmente juntas, unidas às dele, em um permanente ajustamento criativo no qual cada um escolhe sempre o que é melhor para o outro.

> A Terra inteira está murmurando e se esforçando para nos lembrar que somos feitos dela, que este planeta, que este microcosmo é nosso próprio corpo, que a grama é nosso cabelo, que as árvores são nossas mãos, que os rios são nosso sangue, que a Terra é nosso corpo real e que é viva. (Abram *apud* Cahalan, 1995, p. 91)

Isso significa que estamos para além da metáfora e da poética. Nossa relação com a Terra tem de ser de troca, de respeito, de harmonia, da mais profunda amizade. Temos de entendê-la, de descobrir seu funcionamento, não para explorá-la e esgotar seus recursos, mas para protegê-la como se protege uma amiga. Essa é uma tarefa que não é delegável. Assim como um irmão não pode deixar para o outro irmão um cuidado que só ele pode dedicar à sua mãe, também cada pessoa, sendo inteligente, não pode deixar para o outro o cuidado da Mãe-Terra e viver como se não tivesse nada que ver com ela. Na verdade, o cuidado com a Terra começa com o cuidado consigo mesmo. Se não cuido de mim que estou aqui, agora, presente em mim mesmo, como vou cuidar da Terra, aparentemente tão distante e tão indiferente às minhas necessidades imediatas?

Vivemos um permanente processo de autoecorregulação, porque nos regulamos não apenas a partir de nós mesmos, mas também do Universo. Na nossa autoecorregulação precisamos de ar, de calor, de umidade, de comida, e tudo isso e mais nos é fornecido pelo Cosmo, pelo meio ambiente. Se nos falta qualquer um desses elementos que vêm de fora, ocorre um desequilíbrio que poderá ser fatal. Não se trata, portanto, de algo sobre o qual temos absoluta autonomia; ao contrário, temos absoluta dependência do meio ambiente e, não obstante, vivemos como se dele não precisássemos, como se fôssemos nosso próprio provedor total e independente de tudo.

Nossa autoecorregulação é espontânea, livre, no sentido de que tudo está conectado a tudo. A conexão homem/homem talvez seja a mais importante e, agora, urgente para salvar o Planeta. Ninguém pode dispensar ninguém, assim como ninguém é dispensável nesta luta pela sobrevivência do Planeta. Muitos homens tratam outros homens com total indiferença, como se fossem seus donos, dispondo da vida deles com a mesma naturalidade com que cortam uma árvore, poluem um rio, queimam uma floresta. Por isso, a primeira coisa que precisa ser salva neste Planeta é o Homem. Sem salvar o homem, dificilmente salvaremos o Planeta, porque se ele não se voltar para si, no sentido de se reconhecer necessariamente relacional, ele não reconhecerá o Outro como outro-Ele-mesmo.

"Não faças ao outro o que não gostarias que fizessem a ti mesmo", disse Jesus. Essa é a máxima lei da convivência humana e deveria ser também a da convivência planetária. A autoecorregulação nossa e do Cosmo não ocorre por acaso, exige troca séria e responsável, exige um permanente ajustamento criativo. Queremos e precisamos de ajuda, mas não queremos perder nada. Com a Terra é mais fácil, porque ela não exige nada de imediato, mas o ser humano olha primeiro para ele próprio e só depois para o outro. "Ganho o que com isto?": eis a primeira e única questão. Perdemos a dimensão da cumplicidade amorosa com o outro: ou eu ganho ou nada feito. Falta o sentido de gratidão pelo outro, humano ou não humano.

> O sentido de gratidão que resulta [de uma atitude de cumplicidade amorosa] frequentemente nos leva naturalmente ao desejo de retornar ao ponto de partida do qual recebemos tudo, de viver menos como consumidores e com mais equilíbrio com a terra que agora é sentida como nosso corpo real, nosso real self. (Cahalan, 1995, p. 107)

Tal atitude nos parece mais possível quando nos damos conta de que pertencemos ao Universo, de que somos fruto dele, como uma manga é fruto da mangueira, e de que, como a mangueira, estamos enraizados no Universo. Só quando nos damos conta de que brotamos da Mãe-Terra, quando colocamos nossa cabeça para fora e começamos a contemplar o Universo e perceber que somos seus mais evoluídos seres, somos tomados por um sentimento de prazer, de admiração, de confiança no outro humano e não humano, e somos gratos pela beleza de nossa evolução pessoal.

Essa é a verdadeira autoecorregulação pessoal e cósmica, fruto de um ajustamento criativo em que o espírito, mais que a matéria, dominou nossa caminhada na busca de uma verdadeira compreensão da realidade que nos cerca, na qual nos incluímos e da qual somos feitos. Mais do que do seio fecundo de nossa mãe, nascemos do seio generoso da Mãe--Terra, cuja gestação começou lá nas estrelas, há milhões de anos, e em cuja longuíssima gestação a Mãe-Terra foi preparando o melhor de si para nós, tendo-nos dotado do seu supremo dom: a liberdade, pois só uma suprema liberdade pôde fazer que do átomo da matéria chegássemos ao mais complexo processo existencial: seres capazes de escolher.

A Abordagem Gestáltica e a Gestalt-terapia estão fundamentadas numa visão de campo, um campo unificado de forças em que toda força caminha na produção de um sentido experimental, experiencial, existencial e transcendental da existência. Existência não como um construto, uma abstração, mas como algo que acontece aqui-agora e determina o rumo de nossa caminhada pessoal, relacional, cósmica. A Gestalt-terapia, como uma terapia de contato e de totalidade, está necessariamente conectada com todas as coisas – mas, de novo, como uma ação aqui-agora, e não como uma proposta. Então ela está aberta à contemplação do mundo, como parceira, como cúmplice nos resultados que toda ação humana provoca no Universo. Se toda teoria tem de ser operacionalizada, a Gestalt-terapia está diretamente envolvida na produção do melhor resultado da relação homem/mundo. Sua prática é uma teoria vivida e sua teoria é uma vivência experimentada, tendo no processo de escolha, no exercício espontâneo da liberdade de ser, seu maior instrumento de trabalho e de compreensão da Pessoa Humana.

O processo evolutivo da Mãe-Terra caminha, funciona, de mil maneiras. Ora ele trabalha por meio da autoecorregulação organísmica, ora pelo ajustamento criativo, mas sempre por meio de um profundo contato das partes com seu Todo, e a Terra jamais se violenta a si mesma, ela simplesmente se deixa acontecer. Ela não introjeta nem projeta e muito menos proflexiona, ela se movimenta sempre e essa é sua força, agir buscando a melhor forma e interagindo sempre, de tal modo que o final do contato ou o contato final é sempre um espetáculo cada vez mais harmonioso. Isso é o que estamos chamando de Ecologia Profunda e também de processo psicoterapêutico gestáltico.

Se a Mãe-Terra tivesse uma visão de mundo, ou seja, dela mesma, com certeza teria uma visão gestáltica, pois seu funcionamento silencioso persegue sempre a melhor forma, funciona como uma totalidade em que as partes são absolutamente imbricadas e cúmplices uma da outra, não lida com sintomas, mas com a energia do campo total, como um campo unificado de forças que, embora persiga o mesmo fim ou o efeito, funciona absolutamente livre. "Com base em uma hipótese de uma *awareness* universal, podemos nos abrir para considerar a nós mesmos como sendo intrinsecamente iguais ao resto do existente" (Cahalan, 1995, p. 90).

Assim como os "Todos" do Universo funcionam intrinsecamente em perfeita harmonia com suas partes, "Todos" que com relação ao Universo-total são partes, tudo se organiza como um campo de livre funcionamento para que a realidade se faça e refaça, a cada instante, sempre livre e espontaneamente à procura da melhor forma, tendo no ajustamento criativo seu processo básico.

Somos um Todo cujas partes são terra, água, fogo e ar, isto é, somos o que o ambiente é. Esses quatro elementos estão em profundo e relacional contato entre si. Nós, como nós, e o meio ambiente, como meio ambiente, funcionamos de igual forma. "A fronteira entre esses quatro elementos funciona como um órgão de relacionamento" (Wymore, 1995, p. 117).

O que marca essas fronteiras no humano e no não humano-meio ambiente é a qualidade da relação. A natureza humana (Pessoa) e a natureza não humana (mundo) só funcionam se a relação Pessoa/organismo/meio ambiente for de íntimo e saudável contato. De algum modo, tal é a semelhança entre o mundo humano e o não humano que fica difícil dizer que o mundo não humano não seja humano. Nesse sentido, podemos dizer que a Gestalt-terapia olha a Ecologia Profunda como olha a si mesma, e a Ecologia Profunda olha a Gestalt-terapia como olha a si mesma. Podemos dizer que o espírito habita tanto a Gestalt-terapia quanto a Ecologia Profunda, porque ambas têm uma visão de mundo radicalmente assentada na qualidade que permeia as relações entre pessoas e meio ambiente.

Quando deixamos ou nos afastamos da materialidade das coisas, aproximamo-nos naturalmente da qualidade delas – que nos transporta para o transcendente e para o espiritual que mora na relação de espera ou de encontro amoroso entre nós e o outro. Quando olho uma coisa, eu a vejo assim como ela é; mas, se a revejo e me abro para revê-la na sua relação comigo e com o mundo, ela adquire vida, beleza, forma – e um simples objeto, por encerrar nele uma história de evolução cósmica e milenar, desnuda-se diante do meu olhar contemplativo, ganha beleza e transcendência e me transporta ao mundo da Espiritualidade.

A Abordagem Gestáltica, por meio do olhar fenomenológico, de um olhar simples e ingênuo para as coisas, de uma *epochê*, me permite ver a realidade em si mesma. Por meio de minha experiência imediata com o objeto observado, me transporto para a possibilidade da transcendência quando descubro, em um simples objeto, as infinitas possibilidades que nele existem de serem atualizadas sem perder sua originalidade primitiva. "A espiritualidade é aquela atitude pela qual o ser humano se sente ligado ao todo, percebe o fio condutor que o liga e religa a todas as coisas para formarem o cosmo" (Boff e Beto *apud* Angerami-Camon, 2004, p. 61).

Quanto mais entro em contato com o outro, mais percebo que ele é muito mais semelhante a todos os outros que diferente. Por meio do contato, esse fio condutor aparece e amplia nossa percepção da realidade. Somos um Cosmo, uma Gestalt plena em que todas as nossas diferenças, respeitadas absolutamente – porque é assim que o Universo funciona, sem inveja, sem pré-juízos, sem egoísmo –, transformam todas as coisas em iguais; e é como iguais-diferentes que a natureza caminha à procura da melhor forma.

O Todo só é possível porque suas partes se inter e intraligam de modo a criar um campo de força no qual todo movimento tem uma teleologia, onde tudo, absolutamente tudo, não boicota nada, mas se junta para produzir o melhor efeito.

O Universo é o lugar da liberdade e da Espiritualidade. Como o Universo, somos livres e espirituais e isso é uma condição humana de existir. Sem liberdade e Espiritualidade a vida humana seria inconcebível, assim como a vida do Universo se torna impossível se ele é impedido de seguir seu curso natural. A liberdade é a porta para a Espiritualidade, porque é ela que nos permite tomar posse de todas as nossas possibilidades, inclusive de nossa Espiritualidade. Ser espiritual é nossa natural condição humana, que é inseparável de nossa realidade.

Quando falamos em resgate da experiência imediata, quando falamos que a Gestalt-terapia é uma abordagem experiencial e experimental, estamos dizendo que só é possível crescer, tornar-se si mesmo, a partir de um profundo sentimento de liberdade, que é o que amplia o horizonte, fazendo perceber não apenas a coisa em si, mas suas infinitas possibilidades de crescer, de se encontrar consigo mesmo. Só então liberdade e Espiritualidade se dão as mãos, porque ambas outra coisa não são senão um convite a amar a vida e tudo que ela representa de possibilidades. A contemplação de si e do Universo não pode ocorrer em uma alma atormentada pelo medo da liberdade, pela angústia da procura.

> Considero que a espiritualidade esteja relacionada com aquelas qualidades do espírito humano, tais como amor e compaixão, paciência e tolerância, capacidade de perdoar, contentamento, noção de responsabilidade, noção de harmonia – que fazem a felicidade tanto para a própria pessoa, quanto para os outros. (Dalai Lama, 2003 *apud* Angerami-Camon, 2004, p. 60)

"A espiritualidade é aquilo que permite à pessoa vivenciar o sentido transcendental na vida. Trata-se de uma construção que envolve conceito de "fé e/ou sentido" (Angerami-Camon, 2004, p. 59), mas não necessariamente envolve a busca permanente de Deus.

A Espiritualidade é, portanto, uma atitude pela qual a pessoa se envolve com seu crescimento humano de maneira constante, numa tentativa de se abrir para a mais autêntica liberdade de vivenciar a vida assim como ela acontece. É uma caminhada para si mesmo, no mundo, mas que, ao se perceber como ser de infinitas possibilidades, transcende a si mesmo, projetando-se, aqui-agora, para além de qualquer medo. Cultivar o humano que somos nós, viver o mais inteiramente possível nossas contradições, permitir experimentar nossas polaridades, tudo para nos sentirmos presentes em nós mesmos. Espiritualidade é, no fundo, a expressão de um profundo e harmonioso amor por si e pelo

HOLISMO, ECOLOGIA E ESPIRITUALIDADE

outro, com uma capacidade de se arrebatar de amor por e pelo Universo. Espiritualidade é um ato de entrega à vida.

> A espiritualidade ajudará a humanidade a ser mais correspon-sável com um destino e com seu destino e com o destino da terra e a ser mais reverente diante do mistério do mundo e mais solidária com os que sofrem. (Boff *apud* Angerami-Camon, 2004, p. 43)

Isso é o que chamamos de Ecologia Profunda, por despertar em nós a intuição, a entrega na busca dos melhores caminhos para a Mãe-Terra. Acredito que o Universo constitui para nós um grande mistério, que de tão grande nos passa despercebido e se nos torna até indiferente. Somos partes de um Todo, pertencemos a esse Todo e precisamos nos integrar a ele como parte de nossa própria condição humana.

Temos tratado a Terra como um Isso, como uma coisa qualquer. Perdemos a capacidade de nos curvar diante de seu mistério, que também é nosso. Esquecemos que somos parte da natureza que nos cerca, que nos cria, que nos conserva. Não somos estranhos à Terra, nem ela é estranha a nós. Nascemos do seu ventre e só nos resta manter uma relação mãe/filhos. O diálogo é uma especificidade humana e temos de dialogar com o Planeta por meio de uma linguagem natural e que nós sabemos qual é, só que, de tanto não usá-la, terminamos por esquecê-la.

Somos vivos. O Universo é vivo. Podemos sentir a Terra, o Universo, por meio de uma consciência emocionada, de um dar-se conta de nossa relação cósmica, de uma *awareness* corporal mediante uma imersão sensorial no mistério do mundo, e assim transformar nossa vida numa experiência fenomenal. Estamos falando de um contato saudável, em que existem apenas ganhos e nenhuma perda, em que existem um ir e um vir, um dar e um receber, um conceber e um separar-se, formando um movimento permanente de autoecorregulação organísmica – que é o movimento maior do Universo, do qual o nosso é uma participação e por meio do qual o contato entre iguais se tornou possível e precisa ser refeito todas as vezes que é danificado.

Retornando à fala do Dalai Lama, entendemos que Espiritualidade não implica a crença em um ser superior, Deus, em vida após a morte ou algo a que somente os iniciados têm acesso. A Espiritualidade é uma condição natural da vida humana. Nascemos com o instinto para o mais perfeito, mais bonito, mais completo – lidamos mal com o inacabado. Só que essa sensação, ao mesmo tempo que nos angustia, também nos paralisa como algo grande demais; tão grande que às vezes não sabemos por onde começar. Aí abandonamos nossas possibilidades de crescer e fazemos da rotina nosso programa habitual.

Escrever estas páginas, por exemplo, me põe em contato com minha mais profunda Espiritualidade, porque me faz tirar de mim o meu melhor, me faz conhecer meus desejos, minhas fantasias e transformá-las em meu instrumento de trabalho, colocando-me em contato com minha experiência de humanidade. Quando dialogamos com o mais profundo de nós mesmos, quando nos harmonizamos com todos os clamores que brotam do mais íntimo do nosso ser, estamos no campo da Espiritualidade e da transcendência. Transformamos o contato em experiência vivida e isso é pura Gestalt, é Ecologia Profunda.

É parte de nossa condição humana fazer contato. É ele que nos mantém vivos e nos permite evoluir. Estamos em contato conosco quando tudo em nós se harmoniza, quando nossas partes confluem para uma totalidade que dá sentido a todo o nosso ser. Só então estamos, de fato, prontos para o contato com o Outro, porque não é o fato de estarmos em relação com o outro de forma permanente que nos coloca necessariamente em contato com ele.

Gestalt, Ecologia e Espiritualidade são três construtos afins. O processo da constituição de cada um deles nos leva a vê-los como totalidades organizadas, articuladas e indivisíveis. Temos de nos desprender de um aprendizado anterior de pensar a realidade clinicamente para pensá-la sistemicamente, como campos inter e intrarrelacionais em que tudo afeta tudo, tudo muda e tudo é um todo. Estamos falando de pensar um paradigma interno diferente, i.e., pensar uma realidade transrelacional na qual o movimento é sempre transcender, abandonar a ditadura das partes para a totalidade da fluidez e da mudança. Nesse contexto, sem desaparecer a interdependência das partes, surge a transcendência da totalidade que é criadora do novo, do diferente. É nesse contexto, não duvidaria em dizer, que podemos tomar um pelo outro: Gestalt, Ecologia e Espiritualidade.

6. Transcendência, espiritualidade e santidade

TRANSCENDÊNCIA E ESPIRITUALIDADE, dois temas irmãos e de palpitante atualidade, tanto mais porque, de um lado, correspondem a uma demanda da modernidade e, de outro, parecem indicar algo de iniciados e de difícil acesso. Poucos conseguiriam chegar lá. Existe, na verdade, uma desinformação sobre o que é Espiritualidade, sobre sua natureza e, sobretudo, sobre os modos como ter acesso a esse mágico Universo. A palavra "transcendência", pela mesma forma, é uma palavra bonita, com um ar de certo mistério, dando a impressão de algo muito especial, cujos caminhos poucos conseguem acessar. Indo mais além, penso que, ao lado dessas duas palavras, há outra, "santidade", que certamente completa a trilogia que conduz ao mundo da introspecção, do sentido interior das coisas.

Quando falamos de Espiritualidade, não necessariamente estamos falando de santidade; contudo, quando falamos de santidade, certamente estamos falando de Espiritualidade e de transcendência. Santidade é já um lugar constituído, enquanto transcendência e Espiritualidade são processos que podem ou não desembocar na santidade, mas, em si, são processos que denotam uma longa caminhada na direção de uma compreensão aprofundada de si e do mundo. Não vou distinguir agora o que é uma coisa ou outra, pois ao longo da nossa reflexão essas três palavras vão aparecer mais claramente. Muitas pessoas confundem santidade com Espiritualidade e Espiritualidade com transcendência, sendo a transcendência vista, às vezes, como algo mais sutil do que a Espiritualidade.

Todas essas palavras são construtos constituídos com base em múltiplas interpretações. Daí a importância de defini-las de acordo com o lugar em que elas estão sendo consideradas. Essas palavras não são meras abstrações porque são portadoras de objetividade e realizam aquilo que significam. Isso é tanto mais importante quanto toda teoria deveria se transformar em um instrumento de trabalho. Quando falo em construtos, em Humanismo, em Teoria do Campo ou em qualquer outra teoria, tenho a intenção de que tal teoria me dê suporte para levar avante determinada ação, do contrário estarei fazendo filosofia. Não está errado fazer filosofia, pois com certeza o pensar filosoficamente é muito útil, sobretudo em seu modo clássico de pensar; nesse contexto, entretanto, não estamos fazendo filosofia. A ideia é que aquilo que apresentamos seja útil para o crescimento e desenvolvimento espiritual e humano de cada um, o que não dispensa a lógica de uma reflexão rigorosamente correta.

Vou distinguir transcendência de Espiritualidade e esta da santidade. Farei uma rápida introdução para cada uma dessas palavras para tornar nossa reflexão mais confortável, e posteriormente aprofundarei seu significado. Ao longo deste texto, tivemos oportunidade de explorar cada um desses significados e suas possíveis conexões com a Teoria Gestáltica, mas, como numa elipse, vamos acrescentando a cada círculo anterior a caminhada teórica de um novo círculo.

Vou começar com a palavra "Espiritualidade". Toda palavra tem o seu oposto. Se eu disser "janela", seu oposto poderá ser "não janela". Se eu disser "grande", seu oposto poderá ser "pequeno". Toda palavra tem outra palavra que, de algum modo, a completa. Trata-se de uma questão subjetiva pois, assim como o olhar do observador completa a obra do artista, também nossa mente completa o significado de cada palavra ouvida no contexto em que é pronunciada. E nisso reside toda a questão da relatividade de compreensão da linguagem humana.

Assim, qual seria a palavra oposta a "Espiritualidade"? Para o campo que nos interessa, a palavra é "materialidade". Espiritualidade, no nosso contexto, se opõe à materialidade, tendo esta que ver com quantidade e aquela com qualidade. A matéria é cor, tamanho, peso, movimento, e é regida pelas leis da quantidade. O contrário de matéria, então, seria a não matéria, a imaterialidade, que por extensão atribuímos à área da Espiritualidade – um construto só entendido quando saímos do âmbito da matéria e nos deixamos conduzir pelos caminhos de uma realidade que transcende à matéria.

É muito difícil exemplificar construtos metafísicos. Estamos evitando introduzir um raciocínio lógico-matemático. Ao mesmo tempo que afirmamos que matéria envolve quantidade, dizemos também que Espiritualidade envolve qualidade e não estamos no domínio da matemática. Se eu digo que esta laranja grande e de cor avermelhada está ótima, estou, de algum modo, dizendo duas coisas ao mesmo tempo: 1) que quantidade é gosto, é cor, é forma, é tamanho de laranja; e 2) ao dizer que está ótima, estou dizendo muito mais do que da simples laranja, porque aqui entra a subjetividade de quem a prova, pois a qualidade "está ótima" não se vê. Quanto está ótima? Não dá para saber. A qualidade sai do reino da quantidade, embora, se quisermos falar filosoficamente, digamos que toda quantidade tem uma qualidade e toda qualidade tem uma quantidade, porque a realidade para ser captada precisa ser definida como um todo e transformada em linguagem para ser compreendida.

Espiritualidade é um construto (contém um conjunto de informações que, juntas, dão um sentido que pode ser compreendido analogicamente por muitas pessoas), é um conceito que me transporta para o campo da não matéria. Todas as vezes, por exemplo, que me encontro numa situação de encantamento, de contemplação, de profunda meditação, estou no reino da não matéria, não estou no mundo da materialidade. Outro exemplo: em uma noite de um lindo céu estrelado, deixo-me penetrar de sua beleza, olho, olho, olho... Lentamente, vai nascendo em mim um sentimento, seja de gratidão, de presença, algo que não sei exatamente o que é, e, de repente, vejo-me dizendo:

– Nossa! Que maravilha! Alguém fez isso!

Nesse ponto, estou saindo lentamente do campo da matéria para o do encantamento estético, para a contemplação subjetiva da realidade, e nossa linguagem está penetrando no campo da Espiritualidade.

A outra palavra é "transcendência". Transcendência é uma palavra complexa que vem do verbo latino *transcendere* e tanto significa subir como descer. É uma palavra de duplo sentido que o dicionário latino traduz: "Transcendência: caminhar para a frente e para cima". Transcendência supõe, antes de tudo, movimento, superar limites. Assim, para dar um simples exemplo, se ando todos os dias seis quilômetros e em certo dia ando sete, posso dizer que transcendi, que superei o limite, uma marca anterior. Nesse exemplo estou falando de quantidade, mas, na mesma linha, a transcendência acontece todas as vezes em que alguém se supera seja em que nível for. Quando alguém se percebe caminhando além do normal, ficando em silêncio além do normal, está transcendendo seu limite no que diz respeito a uma questão de quantidade. Mas, se subjetivamente esse vencer limites quantitativos tem uma motivação no campo dos valores, sua intencionalidade faz outro sentido acontecer, o efeito de sua atitude escapa à materialidade do gesto e se abeira ao campo da imaterialidade.

Esses conceitos precisam poder ser operacionalizados e deixar de ser apenas bonitas palavras para se tornar instrumentos de ação, de mudança, de crescimento humano e espiritual. Conseguiremos isso por meio de instrumentos adequados que facilitem o acesso à transcendência e à Espiritualidade. Posso dizer, por exemplo, que silêncio, meditação, jejum, caminhadas na natureza, dança e oração podem se tornar válidos instrumentos que facilitam a experiência e a vivência da transcendência e da Espiritualidade. Como são muitos os caminhos, proponho, a título de exemplo (pois trataremos disso em outro momento), falar de alguns desses instrumentos.

Ficar em silêncio. Ficar em silêncio é diferente de ficar calado, de calar a boca ou não falar com alguém. Ficar em silêncio porque se quer escutar a própria alma, deixando que o próprio mistério o conduza para uma maior procura de si mesmo e de seu sentido no mundo, procurando ouvir o silêncio da noite, de uma montanha, do Universo, enfim. Mais que criativo, esse é um silêncio criador, um silêncio que cria algo dentro de si mesmo, que nos induz, nos autorregula, nos leva para uma reflexão mais profunda. Nesse sentido, experienciar esse silêncio é um instrumento que nos pode conduzir mais facilmente ao campo da transcendência e da Espiritualidade.

O jejum. Não estou falando do jejum de não comer, até porque vivemos jejuando. A vida moderna nos coloca frequentemente em situação de passar horas sem nos alimentar! Quantas vezes tomamos um café e só vamos comer à tarde. Passamos, assim, o dia de jejum. Aqui, entretanto, falo de outro tipo de jejum que é diferente de não comer, de ficar com fome. Falo de um jejum como uma entidade em si, existindo por si mesmo, que não é a ausência de algo, sobretudo de comida, mas a sensação da presença emocionada da própria realidade, corpo-Mente-mundo, como uma sensação de total presença corporal em que nada perturba essa presença. Falo de um jejum que é, em si, de uma razão ou ordem superior, como um vazio fértil, criador e do qual, portanto, tudo pode nascer. Jejum como um facilitador de uma maior percepção do corpo, que é nosso instrumento de trabalho. Jejum para perceber mais intensamente a angústia, a ansiedade, nossa movimentação existencial, provocado por uma privação total voluntária, podendo perceber nosso corpo como uma totalidade, plena-e-vazia, como uma presença de tudo que, paradoxalmente, se transforma numa sensação de uma total ausência presente.

A oração. Há uma oração em que a pessoa abre a boca e diz: "Oh, meu Deus, me dá". Isso não é oração. Oração para pedir não é oração, é petição, às vezes negociação: "Oh! Deus, me dá isso, porque lhe prometo fazer isso"; "Se eu ganhar na loteria esportiva, construirei uma casa para os pobres, uma igreja". Deus não é negociante, não é negociador.

A essência da oração é a adoração, o agradecimento, o pedir perdão, e só por último vem a petição. Essa é a essência da oração. Orar é, sobretudo, adorar e agradecer.

Entrando nessa dimensão, podemos apontar muitos exemplos de como se usam instrumentos que facilitam o processo de Espiritualidade, como o jejum, o cuidado, a meditação, a dança, os rituais.

Quando falamos de Espiritualidade, é importante irmos caminhando em uma direção que facilite às pessoas dizer: "Eu posso me tornar mais espiritual". Existem processos de Espiritualidade. A meditação, o silêncio, a ioga, às vezes até uma atividade física, uma caminhada, são exercícios, instrumentos que facilitam a experiência da Espiritualidade, dos quais falaremos mais adiante.

A outra palavra é "santidade". Santidade é a palavra princípio que forma a Gestalt plena, a configuração total da boa forma. Santidade é, entretanto, um construto mais complexo que transcendência e Espiritualidade.

O papa acabou de canonizar um santo no Brasil, São Galvão. A Igreja Católica tem declarado santos milhares de pessoas: Santo Antônio, Santa Teresa de Ávila, mil santos. Os nossos nomes, sobretudo das pessoas mais antigas, provavelmente são nomes de santos, pois, quando nascia uma criança, os pais iam ao calendário religioso ver qual era o santo do dia e colocavam seu nome na criança. Eu me chamo Jorge porque fui batizado no dia de São Jorge – e assim por diante.

Estamos falando de São Jorge, de Santo Antônio, de Santa Luzia, de Santa Catarina Labore, de São Vicente de Paulo, milhões de santos? Não. Estamos falando de santidade, e não de santos. Esses homens ou essas mulheres se tornaram santos. Há diversas situações ou classificações de santos. A Igreja Católica tem uma classificação imensa de santos: santos virgens, mártires, doutores. Isso quer dizer que uns se santificaram por meio do ensino, outros por meio do martírio, da castidade – são modelos, digamos, de santidade. Estamos tentando explicitar o conceito de santidade, distinguindo-o também da transcendência e da Espiritualidade.

A Espiritualidade tem que ver comigo, com minha subjetividade experienciada de mundo, é algo interno, individual, é um processo meu comigo mesmo. Eu diria para os gestaltistas que a Espiritualidade é, muitas vezes, um processo de centragem e de equalização, quer dizer, uso o mundo, sua energia e força para evoluir, e uso a mim mesmo para evoluir. A caminhada da Espiritualidade passa um pouco por essa direção.

A transcendência, por sua vez, tem que ver comigo, mas também tem que ver com o mundo. Supõe, ao mesmo tempo, uma experiência subjetiva e objetiva, é um dentro que começa fora.

Farei uma reflexão absolutamente banal, tola talvez, para exemplificar o que poderia significar transcendência, tirando da palavra seu estigma de algo além dos limites normais das pessoas ou coisa de iniciados. Por exemplo: ando normalmente seis quilômetros, hoje andei sete; levantava 50 quilos, agora levanto 55 quilos. Estou, nesse caso, falando de uma superação que vem do fora, de algo objetivo, que envolve o conceito de matéria, de quantidade. Pense, agora, em outra situação que envolva, por exemplo, cuidar de algo ou de alguém. Pense em um garotinho vendendo algo no semáforo de sua cidade, que vem lhe oferecer três balinhas ("jujuba") por um real. Você tem um punhado de moedas no carro, que não lhe fazem falta absolutamente. Percebendo a movimentação do garoto na sua direção, você aperta o "botãozinho" do vidro do carro e ele sobe. O garotinho está fazendo o possível para arranjar cinco, seis reais ao longo do dia; quando ele chega, você faz um gesto e diz "Não", justificando para si mesmo: "Não dou esmola, isso facilita a malandragem, o aumento da pobreza; no mais, isso é função do Estado!" Não vou entrar nesse mérito, mas não poderia deixar de dar um exemplo de como nos materializamos por meio de um gesto quando poderíamos, tranquilamente, transcender. Mas como?! De maneira muito simples. O garoto lhe oferece três "jujubas" por um real; você poderia dar um real a ele e falar: "Fique com as três para você". Afinal, ele está trabalhando. Se pegar as três "jujubas" e lhe der um real, você comprou; se, das três, deixou duas com ele, você transcendeu; se você deixou uma com ele, transcendeu; se deixou as três, transcendeu ao máximo, superando o limite previsto para determinada ação.

Transcendência tem que ver com Ecologia Profunda, que é a capacidade de me relacionar com o mundo fora de mim de maneira harmoniosa, conectada, zelando pelo bem-estar de tudo que é vivo ou ligado à vida do Planeta. O garotinho chega para me oferecer algo, posso dizer: "Não, não quero. Muito obrigado". Respeitei a criança, seu trabalho, me conectei com ele e com seu mundo. Quantas vezes fechamos o vidro por esse ou aquele motivo! Enfim, por mil razões, inclusive para não gastar um real. Dei um simples exemplo para mostrar que a transcendência é algo que ocorre dentro de nós, mas tem que ver com nossa relação no mundo.

Espiritualidade, portanto, tem que ver comigo. A transcendência tem que ver comigo e com o mundo. A santidade tem que ver diretamente com Deus, é uma relação direta com Ele, é um estado consumado de relacionamento experienciado e vivido. Coloquemos uma questão: quem não acredita em Deus pode chegar ao estado de santidade?

A santidade é um dom, uma graça, não segue uma relação de causa/efeito, não é fruto de merecimento. Deus não precisa que acreditemos Nele para que Ele possa agir em nós, porque Ele acredita em nós por sermos uma criação Sua. É a presença do Criador na sua criatura que torna sua existência possível. Não temos de inventar nomes (O Grande Espírito, O Grande Arquiteto, Energia Cósmica) para nos referirmos a Ele e para evitar dizer, direta e claramente, a palavra "Deus", o que implicaria, parece, *a priori*, certa profissão de fé na sua existência.

Santidade tem que ver com esse SER, qualquer que seja o seu nome. Santidade é a ética suprema, a Gestalt plena, a totalidade consubstanciada do possível, a configuração perfeita da natureza humana. Santidade é se sentir seduzido por Deus e se deixar seduzir por Ele. É emprestar ao Criador seus olhos, para que Ele veja o mundo por meio do seu olhar; suas mãos, para que Ele continue construindo o mundo com elas; seu coração, para que Ele continue amando as pessoas por intermédio de você. Santidade é você se colocar à disposição da divindade e por amor a Ele realizar um serviço de compaixão, de entrega, de cumplicidade para com a Humanidade. Supostamente, santo é aquela pessoa que se entregou conscientemente como um instrumento nas Suas mãos, a continuar sua obra na Terra. Santidade, portanto, nessa dimensão, tem que ver com a relação homem/Deus, por isso é difícil localizar a santidade ou dizer: "Fulano é um Santo". Existe uma subjetividade espiritual muito intensa nessa palavra. Eu diria que santidade envolve necessariamente transcendência e Espiritualidade. Começa-se a aprender a transcender a rotina, a cotidianidade, depois se entra no mundo da Espiritualidade, que é o lugar em que ressignificamos ou relemos as coisas, pois, no mundo da transcendência e da Espiritualidade, as coisas não são elas mesmas: um trovão não é um trovão, é a voz de Deus; uma flor não é uma flor, é o perfume da perfeição Divina.

A transcendência nos transporta ao mundo do encantamento, que é o lugar onde nasce a espiritualidade, e por meio dela encontramos as mil possibilidades de ver uma coisa de modo diferente. É como se passássemos do ato à potência. Por exemplo, uma cadeira. Como ato, tem peso, cor, forma, é a materialidade do aqui-agora; como potência, tem a possibilidade de ser ressignificada de mil modos, é a imaterialidade do aqui-e-lá. Como sair da materialidade do ato, i.e., do profano de uma cadeira, para a imaterialidade do sagrado possível ou, ainda, como sair da quantidade do ato para a qualidade da potência? Ao sentar em uma cadeira, após o cansaço de uma longa caminhada, podemos, como um alento, expressar um agradecimento: "Que bom, obrigado, meu Deus! Que bom!" A cadeira, nesse caso, deixa de ser uma simples cadeira para ser um "presente do céu". Esse foi um momento de transcendência, no sentido de que a cadeira deixa de ser algo material, uma cadeira, para ser um "presente". É como se ela fosse recriada, tivesse encontrado uma nova definição, uma cosmogonia, tivesse "nascido" de novo.

Na verdade, tudo é potencialmente sagrado. O profano só é profano enquanto não é consagrado. A palavra "profano" vem do latim *profanum* (*pro* = para a frente; *fanum* = templo) e significa aquilo que está na frente ou fora do templo. Templo, nesse caso, não é um templo, uma igreja ou catedral, mas uma ideia, um dado, uma situação, uma metáfora; e sagrado é aquilo que foi consagrado, está dentro do templo. Buber diz que: "As coisas só são profanas enquanto não são consagradas, e o destino de todo profano é a consagração". Algo permanece profano enquanto não é objeto de uma intenção que o ressignifica, que supõe uma mudança em sua qualidade, tornando-o, assim, consagrado, isto é, introduzido no "templo".

Assim, uma cadeira, uma flor, o céu estrelado, em si, são profanos enquanto não são consagrados, estão fora do templo. E como introduzi-los no templo? Como se consagra um objeto profano em um objeto sagrado? Consagrar é, sem

mudar a essência de um objeto, refazer sua natureza, atribuindo ao objeto em questão um valor, uma qualidade que
ainda tem de ser encontrada nele. No momento que se olha
ou se usa algo e se descobre nele um atributo que está além
de sua materialidade ou quantidade, esse gesto torna-se
consacratório. Se vejo no raio a voz de Deus, na cadeira o
lugar do repouso, na flor a beleza de Deus, nesse momento
esses objetos foram consagrados, portanto introduzidos no
"templo". Consagrar é encontrar os diversos significados
ocultos de dado objeto, deixando de lado o objeto, a coisa,
como tal, e por meio de nossa subjetividade elevá-lo a uma
nova situação que nasce de um novo significado. Consagrar
é, portanto, transcender.

Fritz Perls, fundador da Abordagem Gestáltica, tem
uma frase muito simples: "Uma flor é uma flor, nada mais
do que uma flor. Uma rosa é uma rosa, nada mais do que
uma rosa", mas uma rosa que eu vi não é mais uma rosa, é
a minha rosa. Assim, se considero a rosa como tal, "uma
rosa é uma rosa, nada mais do que uma rosa", estou diante
do profano. No momento que atribuo uma significação à
rosa, ela deixa de ser rosa para ser a minha rosa. Nesse instante, a rosa deixa de ser profana e entra no meu templo,
na minha alma, e passa a ser o símbolo do que eu queira, o
perfume de Deus, uma obra estética, e aí encontramos as
mil possibilidades que a rosa oferece de ser declarada, iden-
tificada, caracterizada. Ao se tornar algo para a minha
consciência, a rosa se tornou um fenômeno qualificado,
mas, nesse caso, o dado foi além das aparências, entrei na
pura natureza do objeto observado, da qual surge toda a
possibilidade de que o objeto seja recriado significativamente pela minha subjetividade consciente.

Estamos, como numa aspiral, aumentando a possibilidade de responder à complexa e difícil questão anteriormente

feita. A santidade é um processo de relação direta com Deus, por meio da qual a pessoa assume uma forma ou se torna um instrumento especial de continuação de Sua obra, transformando-se no olhar Dele, na justiça Dele etc. Uma afirmação importante é que Espiritualidade, transcendência e santidade são formas de contato, são processos em que a relação Pessoa/mundo atinge sua plenitude formando configurações de totalidades.

O contato é o instrumento por meio do qual transcendência, Espiritualidade e santidade acontecem. A busca da Espiritualidade, da transcendência e da santidade é uma experiência de contato, que é um gesto, um momento em que nos aproximamos do Outro numa real entrega, conscientes de que ele nos faz face, percebendo que existimos à medida que percebemos a existência dele. O Outro, entretanto, não é apenas a Pessoa Humana, uma parede pode ser o outro, uma árvore é outro, o outro é aquele que, quando olho para ele, digo: "Oi, estou aqui". Uma árvore está me dizendo: "Não venha em minha direção com essa velocidade, porque não vou sair daqui". Ela me faz face, me confronta, ela diz: "Eu existo". O Outro é todo aquele cuja existência chega até mim significativamente.

O contato é o instrumento da Espiritualidade, da transcendência e da santidade e é o que explica o que está além do visível, porque ele é uma energia de unificação de forças. É ele que nos mantém vivos, é ele que faz o Universo funcionar como funciona. O contato nasce de totalidades organizadas, produtoras do contato, ele é uma força em permanente expansão, de tal modo que, quando uma totalidade funciona eficientemente, o contato que dela procede pode gerar infinitas possibilidades de atualização. Quanto mais experienciamos o contato que nasce de nossa metafísica relação Pessoa/meio ambiente como totalidades em ação, tanto mais manifestações da transcendência, Espiritualidade e santidade poderão ocorrer.

Estamos em movimento, somos uma totalidade contactual corpo-Pessoa em ação, e porque somos contato em ação e em caminho somos mudança em movimento – tudo muda ou mudamos tudo para que o caminho possa ser feito, porque ele é processo permanente de mudança. Assim, se de um lado o caminho se faz caminhando, de outro ele constrói o caminhante. Vai depender de como o que lhe acontece no caminho pode ajudá-lo a chegar aonde ele deseja chegar. Às vezes até uma grosseria pode se tornar uma forma adequada de contato, pois existe uma grosseria que é feita com tato (contato). A agressividade, em si, não é ruim, pode ser uma coisa boa; a violência é ruim. A própria palavra *agredior*, em latim, não significa violentar, significa aproximar-se do outro, chegar perto do outro. Podemos chegar perto a 200 quilômetros, a 50 quilômetros, a 10 quilômetros por hora, e aí está a diferença do contato (com-tato). Qualquer gesto que leve a marca de um verdadeiro contato pode ser nutritivo e transformador, seja ele de que forma for. Sabemos intuitivamente quando uma força é nutritiva e criadora ou quando é destrutiva.

O processo da transcendência e da Espiritualidade pode contemplar momentos de assertividade e até de agressividade, no sentido acima exposto. A expressão da Espiritualidade não supõe um rosto de santo com a auréola em volta. Não necessariamente. Jesus, quando pegou na chibata, no templo, e resolveu expulsar os vendilhões de lá, dizendo que ali era a Casa do Seu Pai, uma Casa de oração, estava vivenciando uma profunda Espiritualidade, uma totalidade plena entre Ele/o Pai/o Templo. O contato não é abstrato; ele é relacional à coisa com a qual entra em ação. No caso do templo (os sacerdotes que o administravam eram homens muito poderosos), o contato de Jesus não poderia ser outro a não ser por meio da chibata. Na verdade, não sabemos como a cena aconteceu, sabemos apenas que os sacerdotes eram muito poderosos e agressivos. A intenção é mostrar que inclusive a agressividade pode ser uma forma excelente de contato. Isso se entendermos a agressividade não como violência, mas antes como uma forma poderosa de ajustamento criativo.

O contato decorre de certo nível de consciência que envolve um processo de conscientização Pessoa/mundo. O contato é sempre relacional. A transcendência, a Espiritualidade e a santidade são expressões vivas de contato que nascem de uma experiência de vivência de uma totalidade, i.e., de se perceber ou de perceber algo como uma totalidade no mundo – a qual, por sua vez, é fonte primária de mil possibilidades de significações que dependerão de nossa relação com o objeto em questão.

A experiência é um estímulo que nos facilita vivenciar a transcendência. É por meio da experiência emocionada que atingimos estados superiores de interiorização, embora saibamos que não estamos numa reflexão linear de causa--efeito. Nem toda experiência leva necessariamente a um momento de transcendência ou Espiritualidade. Certas vivências são um momento de graça – é de graça e acontece quando menos se espera.

Lembro-me de uma história do Gustavo Corção, em seu livro *Descoberta do outro*, em que ele conta que foi diagnosticado com uma doença grave com a qual estava convivendo. Nessa época, ele ia ao Mosteiro de São Bento escutar as conferências do famoso monge Dom Marcos Barbosa. Ele dizia que não tinha fé, mas ele queria ter fé. Escutava, discutia, estudava, mas seu coração não se manifestava. Deus não está na cabeça, está no coração. Não se prova a existência de Deus, sente-se Sua existência. Ele não é objeto de prova e sim de sentimento.

Ele gostava de consultar o filósofo teólogo monge e estava querendo entender Deus, mas não conseguia. Ele procurava Deus, mas não tinha garantias de que iria achá-lo. Porém, sabia que se não o procurasse com certeza não o encontraria. É um paradoxo. Ele tinha uma oficina, talvez fosse um engenheiro mecânico, não me recordo bem desses detalhes, onde havia um italiano que estava soldando determinado objeto. Por alguma razão, a chama do maçarico o atingiu e, imediatamente, ele soltou um "porco-Dio!", expressão muito comum na Itália, uma espécie de blasfêmia. Gustavo Corção foi tomado de uma ira sagrada e queria "matar" o pobre do italiano porque ele havia dito "porco-Dio". E ele que dizia não acreditar em Deus!

As belíssimas conferências de Dom Marcos não o fizeram sentir que ele era amigo de Deus ou que Deus era amigo dele, mas uma blasfêmia fez que ele se encontrasse com Deus. Por que o paradoxo? Porque ele procurava Deus seguindo o caminho da lógica, da causa e efeito, vivia a lógica das partes e não a da totalidade. Não. O encontro com Deus é uma graça. Não há hora marcada para se encontrar com Ele. Assim como Deus chega a nós como uma totalidade vivenciada, também nós chegamos a Ele como uma totalidade e não como funções intelectivas que pretendem devassar Sua infinita complexidade.

Transcender é superar, ultrapassar a materialidade das coisas, encontrar seus possíveis significados, que escondem a qualidade que mora em todos os seres. Uma cadeira, por exemplo, tem mil finalidades, pode servir para se sentar, para se subir em cima, colocar uma bandeja. Quanto mais descubro as potencialidades de um objeto, tanto mais ele se torna transcendente para mim; quanto mais descubro a beleza de alguém, a beleza de uma noite, de um pôr do Sol, do sorriso de uma criança, de uma flor, e até de uma guerra, de uma morte, de uma violência, tanto mais penetro na alma das coisas e mais transcendo.

Transcender é o primeiro caminho para a santidade ou para a Espiritualidade. Transcender é olhar para as coisas e procurar o que elas encerram de possibilidades para além de sua mera aparência física. Em uma manhã de Sol, alguém está sentado diante do mar... O que é o mar, o mar o que é? É um "mundo" de água. Façamos uma metáfora: seria uma bênção, uma eternidade, um equilíbrio, um mistério, uma força... Sim, é isso, uma bênção, uma eternidade, um equilíbrio, um mistério, uma força.

Transcendemos sempre que vamos além da mera aparência física e entramos nas possibilidades que as coisas encerram de serem elas mesmas e, ao mesmo tempo, de não serem sua mera aparência. Isso é transcender. Toda vez que fazemos isso, que entramos na estética, no significado mais profundo que mora nas coisas, encontramos sua alma; encontramos a alma do mar, dizendo que ele é força, mistério, encantamento, nutrição. Transcender é encontrar as mil possibilidades que qualificam as coisas e se oferecem para ser descobertas. Digamos, por hora, que a transcendência está muito ainda na área do cognitivo. Experienciamos e vivemos três grandes sistemas: o cognitivo, o afetivo-emocional e o motor, que se expressam por meio do falar. A transcendência está muito no cognitivo.

A meditação, por exemplo, frequentemente acontece no nível da consciência, faltando-lhe o calor, o amor e a ternura que o contato com uma interioridade mais profunda costuma produzir. Algumas formas de meditação cuidam simplesmente da capacidade de respirar, do prestar atenção ao próprio corpo e do deixá-lo acontecer, produzindo a sensação de que estamos num processo de nos tornarmos cada vez menos matéria. Estou tentando dizer que a sensação de transcender, de ser espiritualizado e a santidade são processos humanos naturais. Não é preciso fazer grandes extravagâncias, não é preciso ser o ungido, o eleito, para poder percorrer essa caminhada da transcendência para a Espiritualidade e para a santidade. No nosso cotidiano, no nosso trabalho, na nossa família, dirigindo o carro, em todos esses gestos rotineiros podemos descobrir beleza, encanto, estética e nos encaminhar para o mundo da Espiritualidade pela ressignificação de nosso aqui-agora, tornando a vida ou o prazer de viver algo mais leve, mais nutritivo, mais livre.

Dissemos anteriormente que no Universo, como na vida, não devemos contar com milagres. Como uma totalidade em ação, fomos, já, dotados de múltiplas e talvez inesgotáveis propriedades das quais não temos consciência. Quanto mais temos uma consciência emocionada de nossa totalidade, mais nosso contato com a realidade flui e se torna fator de transformação; quanto mais temos consciência de nossa totalidade, tanto mais nosso contato conosco e com o mundo passa a ser fator de mudança. Transcendência e Espiritualidade nascem da capacidade que temos de experienciar e vivenciar nossa totalidade de maneira viva e funcional. Transcendência e Espiritualidade, como processos de mudança, são funções e decorrência de uma totalidade viva, autossensitiva, autopensante e auto-operante.

Essas reflexões nos transportam, momentaneamente, para o campo da psicoterapia, no qual transcendência e Espiritualidade têm, ainda que muitos não o admitam, um lócus claro porém não visível para muitos. O terapeuta não é aquele que cura, é aquele que cuida. Quando uma pessoa se sente cuidada, ela se cura. A neurose, antes de tudo, é a

HOLISMO, ECOLOGIA E ESPIRITUALIDADE

ausência de cuidados da pessoa para com ela mesma ou do outro para comigo. Quanto menos uma pessoa se sente cuidada, mais doente, mais desesperada ela fica. Quando o cliente começa a perceber amor e cuidado no olhar do terapeuta, e que este faz dele uma presença real, o cliente também começa a se sentir real. Ele se sente ressignificado pelo terapeuta, deixa de ser um problema, um sintoma, para ser uma pessoa a ser cuidada com amor. Quantas vezes o cliente diz para o terapeuta "Pois é, doutor, o senhor falou pouco, quase não abriu a boca, mas sua sessão foi ótima"? Ele não abriu a boca, mas o cliente viu que o coração do terapeuta estava escancarado para ele, estava recebendo tudo dele.

Estamos diante de uma dupla transcendência: a do terapeuta, que reconfigurou o cliente como uma pessoa necessitada de atenção, de não ser classificada, de ajuda; e a do cliente, que se viu sujeito de amor e de atenção e não de estudo para um diagnóstico. Isso é transcendência, isso é Espiritualidade. É importante que experienciemos a ideia leve de que o caminho da transcendência e da espiritualidade conta com nossa espontaneidade e com nossa capacidade de fluir, de criar. Espero ter deixado claro, mais uma vez, que Espiritualidade não é escolha de eleitos ou privilégio de uns poucos escolhidos, ela é uma condição humana.

Deus não nos pede nada além do que podemos dar. Recordemos a parábola dos talentos. Um senhor, um fazendeiro, foi a uma praça onde estavam alguns desempregados. Chamou um e disse: "Eu te dou três talentos, vai e faze frutificar os meus talentos" – talento era uma moeda, à época. Chamou o outro e disse: "Dois talentos para você, vai e faze-os frutificar". Chamou o terceiro e disse: "Um talento, vai e faze-o frutificar". Passaram-se os tempos, volta o dono do terreno, que procura aqueles a quem emprestara seu

167

dinheiro. Aquele que tinha três talentos falou: "Senhor, tu me deste três talentos. Fiz o que pude. Estão aqui mais três". O mestre não retrucou "Só três, por que não dez?" Não, ao contrário, o mestre falou para ele: "Servo bom e fiel, entra na posse do teu Senhor, vem me ajudar a trabalhar. Eu te dei três, ganhaste três, ótimo!" Chegou o segundo, que ganhou dois, e também dele não exigiu cinco. Ele disse: "Senhor, tu me deste dois, estão aqui mais dois". O senhor disse: "Ótimo, maravilhoso!" Veio aquele que recebeu um e disse: "Senhor, o negócio é o seguinte, acho que és um senhor muito severo, buscas onde não plantaste, colhes onde não semeaste. Fiquei com medo, peguei meu talento e enterrei, pelo menos não vou lhe dar prejuízo". O senhor disse: "Quem disse que não estás me dando prejuízo? Estás sim, eu te dei um, você me devolve um, tinha de ter me dado pelo menos mais um". Tomou o talento daquele que nada fizera e deu-o ao que mais se tinha esforçado.

Deus honra aquele que mais trabalha. Não é assim que fazemos? Não honramos os amigos que mais nos honram, na hora de um convite ou de um presente melhor para aquele que mais nos prestigia? Deus é absolutamente humano e funciona da mesma forma conosco. Não nos pede mais do que aquilo que nos deu, Sua generosidade o impede de exigir mais do que podemos dar, somente não aceita sonegação, não aceita que escondamos nossos talentos.

O estado de santidade implica uma entrega total de todos os nossos talentos a Ele. Nesse estado, a pessoa vive um cara a cara com Deus. É como se os dois ocupassem o mesmo espaço, tivessem a mesma presença. É dedicação total, exclusiva, a um chamado interior, sentido como um aconchego com Ele. É coisa de amigos de verdade, uma entrega sem preguiça, sem escorar, sem fazer de conta. Um encontro limpo, sem subterfúgio. Coisas de pessoas que sabem o que querem e se entregam totalmente uma à outra sem esperar nada em troca. O pagamento é o prazer de estar servindo o amigo e o privilégio de se sentir perto, dentro de seu amor. Esse é o sentido da santidade. Está bem para ambos, sem cobrança, porque nesse estado não se trabalha com trocas, simplesmente se trabalha.

Santidade é saúde, é vivência amorosa da própria totalidade, é uma configuração perfeita entre Homem-e-Deus porque, nessa relação, o Homem se diviniza e Deus se humaniza. Uma relação entre iguais, porque fundada no amor e na certeza do outro. Uma Gestalt cheia, porque aqui desaparecem as partes, o contato consagra as diferenças e surge daí uma totalidade humano-divina por meio da qual a pessoa, nesse estado, vê a realidade sempre com dois olhos, um seu e outro de Deus.

Espiritualidade é um constante caminhar à procura do sentido original das coisas, um caminhar solto, despreocupado, contendo o olhar observador do sujeito que intui que o fenômeno, quanto mais observado, mais desabrocha em possibilidades de ser ressignificado. Vamos dar um simples exemplo. O sentido de uma cadeira é que é um objeto de dois, três ou quatro pés, que serve para se sentar. Mas será esse, de fato, seu sentido original? Será que a apreensão imediata de algo contém seu sentido original? Ou a materialidade imediata das coisas nos impede de ver, entender ou colher seu sentido original? Somos arrastados pelo dado imediato que a visão nos proporciona. Paramos ali, como se naquele ali estivesse toda a realidade possível do objeto observado. Aqui entram transcendência e Espiritualidade como protótipos de uma configuração que está sempre à procura de uma melhor forma, de uma Gestalt que vai se tornando plena, cheia, à proporção que a Pessoa, por meio da vivência do contato com a realidade observada, vai descobrindo sua totalidade como possibilidade de uma presença cada vez mais rica. Aqui se realiza o retorno ao sentido primitivo do objeto em questão para, daí, fazer o caminho de volta, encontrando as diversas possibilidades que qualquer ser, uma cadeira, uma rosa, nos oferece.

Imaginemos as infinitas possibilidades que cada um de nós oferece ao outro. Imaginemos se o pai olhasse para o filho e dissesse: "Este meu filho tem infinitas possibilidades de crescer. Minha função pedagógica é descobrir essas possibilidades". Imaginemos se, entre marido e mulher, se entre amigos, tivéssemos essa preocupação de descobrir as infinitas possibilidades que eles nos apresentam!

Espiritualidade é um processo que nos impele a ir atrás da originalidade primitiva do objeto observado, aquilo que ele é, o básico, e por meio deste transcender à procura de suas máximas possibilidades. Na vivência da Espiritualidade, ressignificamos, em termos de fenomenologia da Espiritualidade, o igual. Eu diria que ela é uma transcendência do igual, é também uma intersubjetividade plena, um contato criador a dois, pois à medida que o outro me faz face descubro a face oculta na realidade da totalidade, que não pode ser captada como tal. Quanto mais descobrimos o sentido original das coisas, mais nos encontramos na procura de nossas próprias possibilidades. Na vivência da Espiritualidade experienciamos uma intersubjetividade plena, uma forma plena de contato pela recriação ontológica do objeto, enquanto de um lado o objeto se oferece ao desvendamento, e do outro o sujeito mergulha no próprio ser à procura de um significado que amplie o sentido de presença que está na totalidade das coisas.

Uma cadeira é um ente, uma pessoa é um ente. Assim, no momento que observo uma mulher ou um homem, vou descobrindo suas infinitas possibilidades, é como se cada descoberta fosse uma nova criação do objeto observado. Ele vai sendo recriado por minha capacidade criadora. A cada coisa que descubro do outro, recrio o outro. No momento que nos aproximamos de nosso filho, de nossa mulher, de nossa casa, de nosso carro, do que quer que seja, tentando descobrir as possibilidades que eles oferecem de ser relidos, fazemos um movimento semelhante ao da Espiritualidade, que é um encontro amoroso e transformador com o sentido último das coisas.

Para os gestaltistas, digo que a Espiritualidade é uma forma de confluência em que o contato transcende a diferença de dois seres e descobre as infinitas possibilidades que o igual apresenta como fonte amorosa de um encontro. Essa é uma definição mais sofisticada. Espiritualidade, portanto, é contemplação. Todas as vezes em que se está no mundo da contemplação, está-se no mundo da Espiritualidade. O mundo da contemplação é um mundo estético, no qual a matéria perde cada vez mais sua realidade. Somos um corpo espiritual, somos Espiritualidade encarnada no tempo e no espaço – não sei onde termina meu espírito e onde começa minha carne, sou espírito/carne, corpo/Pessoa/espírito, essas três coisas estão dentro de mim, não sabendo onde começa uma e termina a outra. Quando meu corpo, minha alma e minha Mente se juntam operativamente de maneira harmoniosa, com certeza estou no mundo da Espiritualidade – o que não supõe fazer milagres, naturalmente. A Espiritualidade não é uma abstração, é a expressão de um contato vivo e criador.

Penso que é importante falar pelo menos uma frase sobre o amor. Amar é pertencer, é encontrar-se com o outro na busca de sua eterna beleza. Quanto mais encontro a eterna beleza que mora no outro, mais pertenço a ele. Quanto mais descubro a beleza de alguém, mais pertenço a ele. Ele não é meu dono, mas faço dele meu dono. No livro de Capra, *Pertencendo ao Universo*, ele diz que "amar é pertencer". Pense se você pertence a alguém – não que ele seja seu dono. Pergunte-se: "Eu pertenço ao meu marido, à minha mulher, ao meu filho? Pertenço ao meu trabalho? Pertenço a Brasília?" Se a resposta for "Sim", com certeza há aí presença do amor; se a resposta for "Não sei", deixe para lá. Gosto muito dessa definição: "Amar é pertencer". De que modo pertencemos? À medida que se desvela a beleza do outro, quando se está diante de alguém procurando a beleza que mora nele, está-se transcendendo a materialidade à busca da Espiritualidade que mora nele e em nós.

O enamoramento é um ato de Espiritualidade. Quando duas pessoas estão se olhando... Outro dia alguém me contou que uma menina de 4-5 anos observava o pai e a mãe em um restaurante; o pai olhava para a mãe de jeito tal que a menina perguntou: "Vocês estão namorando?" O olhar do encantamento é como o olhar de Deus, é a relação Eu-Tu de Buber. O encantamento é a perda dos adjetivos – não importa mais ser velho, preto, branco, gordo, magro. O olhar do encantamento é o modo como Deus nos olha. Quando Deus olha para a criatura Dele, Ele não se pergunta: "Oh, por que fiz esse sujeito desse jeito?" Não, Deus, quando nos olha, simplesmente olha. É como uma criança de 4-5 anos, ela simplesmente olha. A forma, a cor, não para o olhar de uma criança – talvez a criança de 4-5 anos já tenha certa capacidade de criticar, mas a mais nova simplesmente olha. Assim é o olhar de Deus, é o que Buber chama de "olhar Eu-Tu", onde desaparecem os adjetivos e fica só o substantivo, o nome.

Para terminar, reporto-me mais uma vez à Teoria Holística, como facilitadora de nosso processo de Espiritualidade e de transcendência. Holismo não é a soma de um, dois, três, é um Todo, uma síntese das mil possibilidades, das mil partes que encontramos em inter, intra e transrelação, formando unidades criadoras de sentido. O Todo é maior e diferente da soma de suas partes, todas intrinsecamente ligadas umas às outras por uma energia que chamamos de *holos*.

Eu diria que o amor é a força sintética do Universo, sua máxima energia de conexão, é o *holos* supremo, contato puro que junta todas as partes e as transforma em todos, em totalidades vivas e operantes.

Se o amor é uma força que reúne, como funciona diante da diferença? Assim que as pessoas se encontrarem e pela presença começarem a se ver de verdade, passando a aceitar a própria diferença, chegará o momento em que as duas realidades vão se encontrar. Não é mais uma coincidência de quantidade, mas uma coincidência de qualidade na qual, à medida que o igual e o diferente se juntam, os dois vão desaparecendo até que finalmente temos uma única figura.

Smuts, o fundador dessa teoria, fala que "o único instinto que existe é o de autopreservação". O que significa isso? Que tudo que nasceu nasceu para viver. Uma formiga, um cupim, uma lagartixa, um escorpião, tudo nasceu porque tinha uma razão para tal. Um minúsculo bichinho faz parte da cadeia evolutiva; não entendemos o porquê, mas, de algum modo, ele está ligado a todo o Universo.

Não somos neutros com relação a nada do Universo, somos responsáveis pela vida de qualidade de que ele precisa. Não somos delegáveis. O que posso fazer tenho de fazer. Não posso delegar a outro fazer uma coisa que cabe a mim. Sou o único do Universo que sou Jorge Ponciano Ribeiro. Ninguém no Universo me repete. Existem coisas no Universo que só eu posso fazer, vim aqui para fazê-las. Esse modo de pensar, holístico e ecológico, é também, com certeza, um dos fundamentos da Espiritualidade contemporânea.

Quando estudamos Holismo, Ecologia, ciência de conectar e proteger o Universo, entendemos melhor nossa relação com o mundo, compreendemos o profundo sentido de *oikos*, compreendemos que o mundo é a casa onde moramos, que meu corpo é a casa que habito. Esse jeito de pensar é um jeito transcendente porque a Terra deixa de ser o globo terrestre para ser minha casa; o mundo deixa de ser um acidente geográfico para ser um valor, uma encomenda pela qual eu tenho de zelar, de cuidar.

O Planeta está completamente desprotegido. Atacamos a Terra de todos os modos, descuidada e despreocupadamente, queimamos aqui, poluímos ali, destruímos alhures. A percepção de termos atitudes isoladas, a varejo, nos dá a sensação de que o mal que estamos fazendo não é tão mau assim.

A Mãe-Terra é por demais paciente; porém, quando responde, responde por atacado, de maneira imprevisível, com enchentes, tufões, furacões, secas inimagináveis. Países, como a Inglaterra, com o termômetro marcando 45° C, os oceanos já subindo em algumas regiões do Planeta, e o homem sem perceber que está assassinando a Terra, que a Mãe-Terra não está mais dando conta das agressões de seus filhos.

Entendo que o exercício, o vivenciar a Espiritualidade e a transcendência, é o instrumento natural e extremamente eficaz de salvação do Planeta porque, quando nos dispomos à experiência da transcendência e da Espiritualidade, mudamos a materialidade objetiva da realidade e das coisas, recriamos sua essência por meio das mil possibilidades que a realidade nos apresenta, explicitamos os existenciais presentes na essência das coisas, transformando o profano que está nelas no sagrado que é sua natural vocação. Assim, a água não é simplesmente um elemento que serve para lavar parede, carro, matar a sede para se transformar em vida, em elemento constitutivo de nosso próprio corpo. Somos uma miniatura do Universo.

À medida que me deixo imbuir pela ideia da transcendência e da Espiritualidade, transformo-me naturalmente em um guardião do Universo, em um protetor do Planeta, da busca do Universo original, porque vou ressignificando em mim todo o resto. Sou a miniatura do Universo.

No momento em que ressignifico o fogo, o ar, a água, a terra, transformo-me em guardião, em zelador, em curador do Universo. Espiritualidade e transcendência são instrumentos holísticos de salvação da Ecologia do Planeta. Na prática, Ecologia interna, Ecologia Profunda é VOCÊ utilizar você em sua relação com o mundo, como um instrumento de salvação, na certeza de que, salvando o Planeta, estará construindo uma configuração mais perfeita para os que vierem depois.

7. Gestalt-terapia e espiritualidade

TEMOS NOS PERGUNTADO, muitíssimas vezes, o que é Gestalt. Dezenas de respostas já foram dadas. Existem, entretanto, certos conceitos que parecem ser inesgotáveis, tal a riqueza que eles encerram. Deixando de lado grandes autores com definições as mais complexas e completas, fui, como costumo fazer, ao dicionário. Com sua precisão e concisão, ele nos responde o mais fenomenologicamente possível: "Teoria que considera os fenômenos psicológicos como totalidades organizadas, indivisíveis, articuladas, isto é, como configurações".

Temos na simplicidade dessa definição as principais características de uma Gestalt. É algo que se apresenta ou se desenvolve como uma totalidade organizada, indivisível, articulada. Uma Gestalt é, portanto, um Todo, uma totalidade organizada, algo que faz sentido, que pode ser identificado, que tem um jeito universal de funcionar, uma unidade de sentido. Ou uma Gestalt é: "Configuração, estrutura, tema, relação estrutural (Korzybsbki), ou todo organizado e significativo são os temas que se assemelham mais de perto à palavra **Gestalt**, originalmente uma palavra alemã, para a qual não há uma equivalência em inglês" (Perls *et al.*, 1997, p. 33-4). E, naturalmente, também em português. Essa definição amplia o conceito de Gestalt de algo que considera Gestalten apenas fenômenos psicológicos para toda e qualquer realidade cuja estrutura e configuração podem ser vistas como totalidades organizadas, indivisíveis e articuladas.

Algo se constitui em fenômeno quando apreendido e nomeado na e pela consciência. É da natureza do fenômeno ser apreendido como uma totalidade organizada, significativa, isto é, que faz sentido para a consciência, indivisível e articulada, não importa de que natureza seja o objeto apreendido, desde que preencha as condições de ser uma totalidade significativa, ou seja, uma unidade compreensível de sentido. Tudo que é, ao mesmo tempo, uma totalidade significativa, indivisível e articulada, é uma Gestalt e é, também, um fenômeno, se e quando apreendido pela consciência.

Essa é a natureza essencial de uma Gestalt, ser uma totalidade indivisível, embora composta de partes que, em íntima e harmoniosa inter e intradependência, formam um todo significativo, ou seja, uma unidade de sentido, uma configuração perfeita e acabada.

A consciência, quando apreende algo, apreende como uma totalidade que faz sentido. Apreende não por meio das partes, mas como algo indivisível e que chega como um Todo, para só então e em seguida perceber as partes que compõem essa totalidade – e não se trata de um tempo ou percepção cronológica, mas ontológica.

Quando dizemos que o Universo é constituído de Todos, estamos também dizendo, com base em nossa definição de Gestalt, que ele é constituído de Gestalten plenas, cheias, significativas. Não esqueçamos que podemos considerar uma Gestalt toda e qualquer coisa que, vista como uma totalidade, faça sentido. Assim, uma flor, uma rosa, o céu estrelado, uma ideia que encerre em si um significado pleno podem ser considerados Gestalten ou totalidades indivisíveis e significativas.

Estamos pensando a Espiritualidade como um processo de constituição e formação de totalidades indivisíveis e significativas ou de Gestalten plenas que são constituídas por um processo vivencial-mental-existencial por meio de uma busca contínua e, cada vez mais, significativa do verdadeiro sentido das coisas e das potencialidades que encerram.

Podemos, então, mais uma vez, perguntar: o que é Espiritualidade? Um estado, um momento de encantamento, uma emoção, um sentimento, um êxtase, Deus, ou é somente coisa de iniciados. Podemos responder dizendo que Espiritualidade é um processo que contém um pouco de tudo isso, menos que seja coisa de iniciados, esotéricos ou coisa parecida. Espiritualidade é uma condição humana. Só somos humanos porque somos espirituais. É por meio de nossa Espiritualidade que nossa humanidade encontra todo o seu sentido e é por meio de nossa humanidade que a Espiritualidade nasce e floresce.

Nascemos dotados de Espiritualidade como nascemos dotados de inteligência, de vontade, de sexualidade. Na prática e na história do mundo, a Espiritualidade é a mais antiga demonstração de uma das dimensões humanas. O Culto do Urso e o Culto do Crânio datam de aproximadamente 600 mil anos. As pinturas de Altamira, na Espanha, e as de Lascaux, na França, datam de cerca de 50 mil anos e já ali o homem demonstra uma crença no além. (Só as Universidades, esquecendo-se de que Universidade significa universalidade, parecem desconhecer tais fatos.) Podemos afirmar que o homem primitivo, que vivia permanentemente uma constante dimensão social, com certeza viveu a Espiritualidade de forma mais intensa que o homem moderno. Na ausência de uma ciência reconhecida e de conhecimentos claros, o homem primitivo socializava todas as coisas, até para conviver com elas com certa racionalidade. Ele precisava de uma explicação para os fenômenos que vivia, encontrando na socialidade das coisas e dos acontecimentos sua melhor e mais rápida resposta.

A socialidade, que se expressa por meio de um instinto social que permite conectar, criar relações que facilitam o estar em comunidade humana e não humana, é aqui-agora, implica uma busca e pede uma resposta imediata, é naturalmente movida para encontrar soluções imediatas que se não resolvidas implicam possíveis consequências. O homem primitivo experienciava a socialidade em face de soluções difíceis que nasciam de dados, de fatos anteriores, que envolviam uma série de variáveis como estética, prática, fluidez, criatividade, que ele vivia naturalmente, não obstante a complexidade dos fenômenos, sem poder explicá-los, como a morte, o nascimento de uma criança, um raio ou a chuva que não se sabia de onde vinham.

Nessas circunstâncias, o homem primitivo não tinha opções científicas para entender o Universo e se entender, entender seu próprio funcionamento. Vivia numa constante perplexidade estética, num encantamento quase obrigatório, porque, se a materialidade das coisas não lhe trazia nenhuma explicação, só lhe restava quedar-se admirado diante do mistério que era o normal de sua vida.

Assim, ele vivia um permanente estado de Espiritualidade, por meio do qual recriava, a todo instante, um novo sentido para o que a matéria lhe apresentava, tornando-a, de certo modo, inteligível. Esse estado de Espiritualidade, hoje, tem de ser buscado, quando era natural para o homem primitivo.

Espiritualidade é um estado em que as três dimensões humanas, animalidade, racionalidade e ambientalidade, funcionam em absoluta harmonia e sincronicidade, de tal modo que emoção, razão e relação meio ambiente transcendem seu normal funcionamento atingindo níveis de percepção e experiência que recriam um objeto pela apreensão de suas possibilidades, intuindo a essência mais próxima da real existência desse objeto.

A Espiritualidade é um estado real, que não está imediatamente disponível para o homem moderno porque, imerso numa estimulação desconcertante e vivendo um materialismo prático, a todo instante não percebe as possibilidades que o meio ambiente lhe oferece e se perde numa multidão de perguntas. Não obstante essa imersão na materialidade das coisas, a Pessoa Humana depara frequentemente encantada com algo que lhe rouba a concretude das coisas. É uma noite estrelada, o nascer ou o pôr do Sol, uma flor, a beleza de uma colmeia, um corpo de mulher ou de homem. E aí, sem querer, ela para, contempla e penetra suavemente no mundo da contemplação que é o lugar da Espiritualidade.

Essa contemplação não é fruto apenas da racionalidade, mas nasce originalmente da animalidade por meio da emoção e do sentimento provocados pelo meio ambiente. Isso significa que tal momento de Espiritualidade que explicita um estado embutido de Espiritualidade pode ser apreendido, ou, talvez melhor, que nós podemos nos colocar em situações em que esses momentos poderão aflorar com toda a beleza com que afloram também ao acaso.

A Espiritualidade é um sentimento físico, uma emoção da alma que nasce de um estado habitual de disponibilidade existente no ser humano para transcender, para ser perfeito, para se superar na percepção de si mesmo e da realidade.

Um momento, portanto, de vivência espiritual reflete uma integridade, uma indivisibilidade parte-Todo, dentro-

-fora, figura-fundo, espaço-tempo, de tal modo que em nós se apresenta uma Gestalt plena, cheia. Espiritualidade tem que ver com uma totalidade apreendida pela consciência, totalidade criadora de sentidos, enquanto explora suas infinitas partes, no sentido de expressar todas as suas possibilidades.

A Gestalt-terapia se expressa por meio de situações de contato no campo, em que busca a totalidade significativa e indivisível do comportamento humano. Ela explora, momento por momento, parte por parte, uma situação à procura de fazer a Pessoa se compreender emocionalmente, o que só ocorre quando vê seu comportamento como uma totalidade em que o sentido das coisas mora.

Todas as patologias residem na atomização do Todo, no privilegiamento das partes, na exploração do sistema e da perda do sentido da totalidade que é o que constitui a essência humana. A Espiritualidade é o lugar da saúde, no qual o Todo expressa toda sua beleza criadora. Espiritualidade, um lugar sem sintoma (que é ruptura da totalidade), lugar em que o material se faz por demais visível, perdendo assim sua conexão com a invisibilidade da totalidade.

A Espiritualidade mora na apreensão da totalidade de todas as coisas. Quanto mais se apreende a totalidade de algo, mais se penetra no mundo da espiritualidade, que é também o lugar da essência última de nossas percepções.

A Gestalt-terapia é uma prática vivenciada à procura de recriar o sentido perdido das coisas pela nossa falta de contato com seu sentido original. A Espiritualidade é o retorno ou a redescoberta do sentido original das coisas, maculado pela modernidade da indiferença diante do mistério que tudo encerra em si. A terapia gestáltica é também uma caminhada na direção dessa originalidade perdida ou esquecida.

O processo terapêutico é, em última análise, um processo de ampliação de consciência, de busca do verdadeiro sentido das coisas, de reencontro com partes perdidas de nossa existência, de um cara a cara com nossas possibilidades e, consequentemente, com nossos medos. É um processo de recolher partes que se despregam de um Todo maior e a tentativa de reconstituí-lo, numa procura de um novo encantamento por si mesmo que só virá por meio de um encontro com uma liberdade perdida. Essa é uma experiência de Espiritualidade, enquanto implica a reconstituição de um novo todo, de uma nova totalidade, limpa e produtora de significados novos e atraentes. O processo terapêutico e o da busca da Espiritualidade visam à mesma compreensão, à mesma procura, têm a mesma finalidade: conduzir a Pessoa Humana a uma relação Eu-Tu consigo mesma, em que desapareçam os adjetivos coisificantes e emerja a beleza da contemplação de ser Pessoa.

Sabemos que a espiritualidade é uma condição humana, que esse estado de contemplação, de admiração, deveria fazer parte da nossa comum existência diante da beleza e majestade que o Universo nos apresenta, mas essa realidade, esse espetáculo, passa despercebida para a maioria das pessoas, que, imersas na materialidade das coisas, com elas se contentam.

Assim como o processo terapêutico tem seus instrumentos de trabalho, também a Espiritualidade pode ser incentivada, explicitada mais sensivelmente, por meio de alguns instrumentos que passo a apresentar. Se o Gestalt-terapeuta não se sente confortável em tê-los como possibilidade de trabalho ou o cliente não se encontra nesse tempo, simplesmente deixe-os porque, se o Gestalt-terapeuta está de fato fazendo Gestalt, de algum modo ele está presente em todas essas possibilidades. Como utilizar tais ferramentas, serão a sensibilidade do terapeuta e a necessidade do cliente que sugerirão que possibilidades tornar reais como uma fenome-

nologia do momento, como resgate da experiência imediata do cliente e do terapeuta por meio de processos humanos
que ecologicamente se constituíram ao longo de nossa evolução pessoal. Observo que nenhum desses processos, desses
instrumentos, é estranho à história da humanidade, sendo
antes uma constituição sua, como uma resposta coletiva,
universal, cósmica, às necessidades pessoais de cada um.

Entre muitos outros, apresentarei alguns instrumentos,
métodos, processos (o nome não conta muito) que me parecem mais diretamente ligados ao processo de facilitação
da experiência e vivência da Espiritualidade, e que, se usa-
dos cuidadosa e amorosamente, podem levar a Pessoa a um
alto nível de interiorização.

1 A EXPERIÊNCIA EXERCITADA DE DEUS

O corpo se faz palavra, na carne. O corpo, como realidade
final do processo cósmico evolutivo, é a experiência máxima da presença e manifestação de Deus. "Vós sois deuses",
diz São Paulo. O corpo humano é a explicitação mais clara
do caráter complexo das potencialidades que nele existem
em ato. Nele tudo muda, nele tudo depende de tudo, nele
tudo é um Todo. Ele é puro contato. Não nos esqueçamos
de que o instrumento principal da Espiritualidade é o contato, em primeiro lugar conosco, depois com o outro e depois com o meio ambiente. É pelo contato que descobrimos
a verdadeira natureza das coisas e, por meio delas, de nós
mesmos. O contato, portanto, nos possibilita crescer na escala do conhecimento, no respeito e na procura da natureza
última e original das coisas. Nessa procura, nosso corpo é a
resposta mais próxima, e por meio dele terminamos por
encontrar Deus, pessoal, real, vivo. Somente por meio de
um profundo contato conosco e com as coisas podemos
acessar Deus.

Deus não cai do céu, Ele está por aqui mesmo, mas tem de ser procurado, embora não saibamos se vamos encontrá-lo. Mas a condição é procurá-lo e, quando o encontrarmos, será por acaso. Deus não é objeto de procura, sua existência não é objeto de prova científica, sente-se sua existência, sua presença. Ele é objeto de sensação e não de cognição. Depois que se sente Deus, pode-se compreendê-lo, mas não o contrário, nenhuma compreensão, por si só, conduz a Ele. Sentir-se em comunhão com Ele é a máxima realização da Espiritualidade. Como se chega até Ele? Querendo conhecê-lo, procurando-o, observando com humildade e coração puro os sinais à nossa volta, colhendo nas pequeninas coisas a majestade do mistério que elas encerram, se descobrindo e se encontrando consigo próprio.

Deus não está nos céus, está nas coisas à nossa volta. Ele é fonte suprema de contato porque Nele essência e existência se confundem, o "que" e o "como" se encontram. Ele é o único Todo sem partes, Nele a matéria perde todo o sentido e a qualidade se consubstancia em Presença. Ele É.

Gestalt é contato, é terapia de Totalidade. Deus é Contato, Deus é Totalidade, Deus é a Gestalt plena. Nele nada falta daquilo que precisa para existir, e consequentemente não chegaremos a Ele por meio de partes, mas como uma totalidade que se oferece à nossa contemplação. Ele é um fenômeno ou o único fenômeno que não chega até nos por meio de partes. E, como nossa consciência está fenomenologicamente viciada à procura do Todo por meio de partes, também ela se sente impotente para captar a Totalidade divina. Assim, a intuição do Todo-Deus pela nossa consciência não segue o caminho da quantidade descritiva nem das abstrações comuns às coisas abstratas – saudade, por exemplo –, porque esses abstratos se deixam perceber pelos sentidos, mas Deus não. Ele transcende essas abstrações porque Ele é, metafisicamente, concreto.

Atrás de muitos problemas humanos, como angústia, desespero, culpa, reparação, escrúpulo, medo, que estão sempre presentes em nossos consultórios, está uma procura velada, às vezes evidente, de Deus. Mas o terapeuta não se dá conta de que o cliente está navegando, às vezes soçobrando, no campo do sagrado, do divino, e com uma profunda sede ou fome de Deus.

O terapeuta não "tem de" trazer Deus para o consultório ou para o cliente, Ele já está ali. A questão é como vê-Lo, descobri-Lo em meio à angústia humana. O terapeuta precisa ter sensibilidade para captar a presença de Deus na necessidade do cliente de se autorregular. Se ele não tem sensibilidade para ler na fala e na postura do cliente sua necessidade de trabalhar essa dimensão, dificilmente o cliente chegará lá sozinho.

O terapeuta não pode negar, negligenciar o fato de que a experiência de Deus é um dado original e incontestável da milenar experiência humana. Milhões de pessoas, ao longo de toda a história da humanidade, acreditaram num ente superior, criador, independentemente do nome que se lhe queira dar. Quando mergulhamos na busca última do sentido das coisas e de nós mesmos, quando o vazio ocupa todo o lugar de nossa existência, frequentemente deparamos com a necessidade de uma crença "no além" que preencha nosso vazio e nossa solidão. Mas esses apelos silenciosos e dolorosos do cliente muitas vezes passam batido pelo terapeuta que não consegue se conectar com a alma do cliente, mergulhado que está no imediatismo das coisas e da realidade e numa posição falsa de uma visão científica de Pessoa.

O terapeuta não precisa ser credente. Precisa, entretanto, fazer um profundo contato consigo mesmo, sempre que perceber que o outro-seu-cliente está tateando no escuro de uma complexa busca, sem resposta. Porque, frequentemente, a resposta não está no cliente, mas na postura do terapeuta. Um terapeuta fechado ou desligado das questões da Espiritualidade dificilmente abrirá caminho para uma Pessoa cuja alma está experienciando a dor da solidão e da falta de sentido para a própria vida.

Quando olhamos o mundo à nossa volta, logo percebemos que existem atitudes, gestos e crenças que são universalmente aceitos. A questão que se coloca nesses casos é: como essas crenças, esses gestos, se constituíram universalmente e por quê. Talvez o "porquê", nesse contexto, seja mais importante que o "como". Talvez possamos dar uma primeira resposta: esses gestos e crenças representam respostas a necessidades humanas universalmente procuradas e pouco respondidas. Esses gestos, ações e crenças fazem parte de um inconsciente coletivo ecológico no qual as partes foram se enriquecendo de tal modo que, dentro de um processo evolutivo, se soltaram de nossa realidade maior, ainda não organizada, e começaram sua própria caminhada, formando e conformando microtodos que respondem às necessidades de uma humanidade carente que busca respostas adequadas.

O psicólogo clínico precisa estar atento a essas demandas, fruto da caminhada das pessoas na constituição da personalidade no Universo, na qual ele, querendo ou não, está incluído. Temos de pensar que esses gestos se tornaram soluções provisórias e universais para as demandas de procura de soluções a que o homem, na sua pequenez, visa como um processo de autoecorregulação. A lógica nos diz que, se essas atitudes foram criadas e mantidas, para alguma coisa elas servem, e nossa sensibilidade clínica poderá usar desses instrumentos para ajudar ou facilitar que as pessoas por meio deles encontrem suas respostas.

2 A ORAÇÃO

Reverenciamos, porque somos criados e não criadores; agradecemos, porque recebemos de graça; pedimos perdão, porque não temos sabido tomar conta e fazer prosperar os talentos que recebemos; pedimos, porque precisamos de ajuda para construir o caminho. A oração é, assim, o lugar da transcendência humana, o lugar em que nossas necessidades explicitam, pelo sentimento e pela palavra silenciosa, nossas motivações incontidas, que superam nossa capacidade de satisfazê-las.

Orar, rezar, é um dos momentos fundamentais da vida humana. De algum modo, todas as pessoas oram, rezam. A oração representa um momento de interiorização, de busca de si mesmo, de um profundo contato com a fé, com o amor, com a esperança. Não me refiro àquela oração do "pedir": "Oh! Meu Deus, me dá, me ajuda, se o Senhor me conceder isso, eu faço isso e isso como agradecimento". Isso não é orar, é negociar com Deus.

Orar, e daí vem a palavra "oração", é um sublime momento em que a Pessoa entra no mais íntimo de si e aí se encontra com o Tu Absoluto e se confunde com Ele. O Isso desaparece, a Presença toma conta de toda a pessoa e ela se coloca diante de Deus com um profundo dar-se conta, com uma *awareness* plena, de que a parte desapareceu no Todo. Orar é encontrar a própria Totalidade Nele. É estar num campo unificado de forças, no qual a vontade da pessoa cessa e surge uma absoluta confluência, fruto de um entregar-se total ao melhor dos amigos. É uma autorregulação absoluta. Tempo e espaço desaparecem e ocorre um resgate da experiência pessoal por uma entrega absoluta ao Outro-Tudo, conservando, absolutamente, a própria individualidade e singularidade. É uma fusão de individualidades que se transforma num apropriar-se pleno um do outro.

Quando me entrego plenamente ao outro, longe de me perder nele, conservo todo o meu ser intacto, porque ninguém pode se entregar, de verdade, se não se possui por inteiro. Orar é um perfeito ajustamento criativo, ou melhor, criador, porque na oração, ao me entregar totalmente a Deus, confundo-me com Ele e, desaparecendo a relação parte **e** todo, a entrega se transforma em contato e encontro, surgindo daí uma totalidade, como uma configuração perfeita.

A oração é um momento de transcendência humana. Na oração e pela oração a pessoa, ao se reconhecer indivíduo e singular, descobre suas possibilidades nunca pensadas. Orar é como se colocar diante de um espelho mágico que, sem que você pergunte, como diante de uma lente de aumento, revela você a você mesmo como maior, mais capaz, divino, e lhe permite se ressignificar – porque o espelho, como a oração, ao refletir você para você mesmo, revela você a você como um ser em transcendência.

A oração é um encontro pessoal com Deus que se intensifica à medida que entramos em contato conosco. Quanto mais entramos em contato conosco, tanto mais nos damos conta do que e de quem somos nós, tanto mais descobrimos o Deus que mora em nós.

Veja bem: não existe possibilidade de oração, nos termos aqui expostos, se excluirmos a fé em um Deus-Pessoal e Pai, porque nossa oração cairia no vazio. Além do mais, embora Ele seja o Tu Absoluto e nós o Outro-relativo, Ele quer falar conosco e nos olha amorosamente. Ele quer conversar conosco, aqui-agora, Ele urge essa conversa, mas Ele não quer só isso, Ele quer trocar conosco qualquer tipo de sentimento que tenhamos, porque Ele é senhor de todos os nossos sentimentos. Afinal, nós existimos Nele e Ele existe em nós e está à nossa disposição para trocar amor com amor, sem nos obrigar a nada.

Deus não é uma abstração. Ele, simplesmente, é. É interioridade enquanto habita em nós, é exterioridade enquanto habitamos Nele. Tudo que existe existe Nele. Ele está presente em tudo, é Sua presença que mantém o ser sendo e é por meio da nossa convivência com Sua presença nas coisas que podemos transcender, ultrapassando da simples materialidade das coisas para as qualidades invisíveis nelas existentes.

Talvez possamos falar em viver em estado de oração, ultrapassando as palavras ou as preces silenciosas que experienciamos, para dizer que orar é também fazer contato, é ajustar-se criativamente, é cuidar-se, é *awareness*, é autorregulação, é tornar-se presente, desde que essas atividades ou processos sejam momentos de elevação da alma para níveis mais profundos de contato conosco e com Deus.

Orar é *contato*. Não estou falando das orações clássicas, mesmo o Pai-Nosso que é a mais bela das preces existentes. Orar é mergulhar em si mesmo, no Outro, no mundo e reler tudo, isto é, descobrir, em tudo, tudo que você ainda não tinha visto. É *ajustar-se criativamente*. Entrar em contato com o diferente, perceber que é o Outro que cria a consciência de sua existência. O Outro não é uma opção para mim, é o meu necessário. Sem ele eu morro. É **cuidar-se**. Transcender é valorizar-se, é descobrir minúcias, filigranas, joias raras que você nunca usou e nunca demonstrou. É não se jogar fora pelas estradas por onde passa e preservar-se para se gastar mais. Orar é *awareness* experienciada. É um dar-se conta do próprio tamanho, é olhar para seu corpo e se amar, é agradecer pelo privilégio de estar vivo e viver a realidade que o cerca. É **autorregular-se**. Orar é aprender a diferença entre sim e não, é não trocar um pelo outro. É ir em direção ao horizonte e se permitir mudar sempre que o horizonte se reconfigurar. Orar é **tornar-se presente**, primeiro para você mesmo, depois para você mesmo, depois para você mesmo. Entendeu?! Tornar-se presente é ter consciência da própria totalidade, é se perceber como uma configuração estética e ética, é se contemplar e agradecer encantado as maravilhas que Deus operou em você. Orar é recolher todas as suas partes e, como um Todo, uma Gestalt viva, experienciar a sua própria presença criadora.

Será que você, gestaltista, poderia perguntar ao seu cliente (como fazê-lo é uma questão técnica) se ele ora? Porque, com certeza, nas neuroses falta o toque desse tipo de oração de reverência, de agradecimento, de adoração, oração que não é simplesmente pedir, é trocar, é agradecer, é pedir perdão pelas quebras de harmonia na nossa relação Pessoa/meio ambiente. Se ele já faz isso, esqueça, ele já é um orante e sua "problemática" deve ser vista a partir de outros referenciais.

3 O SILÊNCIO

Parece a coisa mais antissilêncio querer definir o silêncio, pois ele, longe de ser ausência de algo, é presença de algo, existindo por ele mesmo e tendo "vida" própria, como a saudade, o amor, talvez até como o mar. É algo que mora na alma. Presença recolhida que mora silenciosamente no meu corpo, tomando conta de mim por inteiro. É algo para ser sentido, vivido, e não descrito. Olhamos para uma montanha e sentimos seu silêncio, olhamos para um céu estrelado e seu silêncio parece, às vezes, até algo ameaçador, pensamos em Deus e nos vem que Ele é silêncio absoluto, não mora no barulho. Para chegar, de verdade, até Ele, até um céu estrelado ou até uma montanha, precisamos silenciar tudo em nós. O silêncio chama o silêncio sem dizer nada.

Frequentemente dizemos: "Vamos nos calar e fazer silêncio, estamos falando alto demais, vamos fazer silêncio". Não estamos falando desse tipo de silêncio que se opõe à palavra, ao barulho, mas de um silêncio silencioso e profundo que nasce da própria natureza do ser humano.

Estamos falando de um silêncio que cria, que modifica, que gera e do qual procede a palavra, que se transforma em um instrumento que origina toda forma autêntica de contato, de ajustamento criativo e criador, e do qual nascem, como consequência, uma *awareness* emocionada, um dar-se conta de-si-no-mundo, que nos permite autoecorregular-nos. O silêncio permite nos fazermos presentes por nós mesmos, uma presença presente e sem palavras.

Calar-se é, muitas vezes, uma boa forma de comunicação, porque coloca o outro na posição de ter de lidar com o silêncio. Estamos, entretanto, falando de um silêncio que transcende o ficar calado, de um silêncio que é a mais profunda forma de linguagem, daquele silêncio original que antecede toda linguagem e toda palavra, mas do qual procedem toda palavra e toda linguagem.

O silêncio não nasce da palavra não falada, da linguagem não articulada, ele simplesmente existe. Ele não é ausência de nada. Estamos falando daquele silêncio que é o mesmo que assistiu à criação do Universo e hoje, aqui-agora, continua o princípio de toda ação, de todo sentimento, de todo o pensar. A palavra e a linguagem nascem do silêncio. De um lado, o silêncio é a fonte da palavra e ele a conforma para que ela, como uma obra de arte, revele a intenção do artista; de outro, sem a palavra o silêncio perderia sua razão de ser, deixaria de ser o antes-criativo-de-tudo para ser algo vazio, eternamente esperando seu momento de ser, de aparecer, de dar vida à vida.

A palavra que nasce do silêncio nasce com a subjetividade de quem a pronuncia, portanto nasce carregada da pessoa que a encontrou e pode expressar toda a sua possibilidade de significados. "Este é o silêncio que cria a reflexão e a sustenta, o silêncio que existe *sic et simpliciter* como existe a vida, a morte, o amor [...] ele pertence constitutivamente ao homem e o caracteriza como ser no mundo" (*Lexicon dicionário teológico enciclopédico*, verbete "Silêncio", p. 699).

Assim como a morte, a vida e o amor não são abstrações, também o silêncio é algo real, mas ele não pode ser qualificado sem perder sua qualidade original de criador, de provocador de vida. Não se pode dizer silêncio bom ou ruim sem se perder a natureza original do silêncio. Silêncio é silêncio, pura e simplesmente, algo não a ser pensado, provado, mas apenas vivido, experimentado, sentido. "O homem é determinado pelo silêncio, este o qualifica e o condiciona e lhe permite expressar a si mesmo em sua intimidade e profundidade" (*Lexicon dicionário teológico enciclopédico*, verbete "Silêncio", p. 649).

O homem é determinado pelo silêncio porque, de um lado, é o silêncio que confere sentido à sua palavra, ela nasce dele e, nascendo dele, ele lhe dá forma e ela pode ser pronunciada; de outro, ela determina também quem a pronuncia, o homem, a Pessoa Humana, porque, ao retirar do silêncio sua palavra, ele exerce sua máxima liberdade de se fazer presente para-o-outro-no-mundo. A Pessoa Humana se constitui entre o silêncio e a palavra e, embora passe a vida falando, experimenta mais silêncio que palavra ao longo de sua existência.

Tudo no Universo vive um profundo, criador e complexo silêncio. Pense o silêncio dos oceanos, das montanhas, das geleiras, das plantas, dos animais, da criança até começar a falar. E, no entanto, tudo fala, tudo grita por meio do seu silêncio, porque, quanto mais profundo o silêncio, mais ele fala e se comunica. Basta olhar a natureza, ela toda responde, porque ela fala por meio do silêncio original que acompanha nossos corpos (pessoas) durante o longo silêncio de nossa milenar formação evolutiva.

"O homem parece quase suspenso no silêncio; nele realiza suas escolhas fundamentais sobre o projeto da sua própria existência; pode escolher sair do silêncio e, portanto, decidir sobre si mesmo ou permanecer no silêncio e, neste caso, perder-se pela incapacidade de decisão" (*Lexicon dicionário teológico enciclopédico*, verbete "Silêncio", p. 699).

Aprender a ficar calado é diferente de aprender a experienciar o silêncio. A palavra tem que ver com ação, silêncio tem que ver com transcendência, com o sagrado que fala e relê, silenciosamente, a realidade que nos cerca. O mundo da Espiritualidade é o mundo do silêncio, da totalidade que cria o sentido de todas as coisas, é o mundo da busca, sem necessariamente ter de chegar ou encontrar respostas.

O mundo moderno é do barulho da agitação, é o mundo da palavra. Esse é o mundo dos nossos consultórios. A neurose é, substancialmente, a palavra que perdeu o sentido do silêncio. O silêncio é saúde, e a palavra que nasce fecundada por ele também é saúde. Assim, o silêncio se transforma num dos nossos principais instrumentos de trabalho.

Buber, repetindo São João, "E o Verbo (palavra) se fez carne (pessoa)", diz: "A palavra transporta o Ser". Assim como o Verbo, a palavra se faz carne-Pessoa após uma eternidade de silêncio na qual ela foi gerada. Assim também nossa palavra transporta nosso ser somente depois de ser gerada pelo silêncio original que mora em nossas almas-corpos-pessoas.

O silêncio é uma Gestalt plena de significados, é uma totalidade indivisível e é essa a totalidade que reina entre cliente e terapeuta. Muito mais que trabalhar a palavra do cliente, trabalhamos o silêncio do qual precede sua palavra, porque seu silêncio é sua história de vida não falada, não contada. As patologias são formas de silêncio que o corpo elaborou na impossibilidade de dizê-las claramente e em tempo. Existe um silêncio calado e existe um silêncio existencial. Fazer Gestalt-terapia é passar do silêncio calado ao silêncio existencial, lugar marcado para a verdadeira palavra ser pronunciada.

4 MEDITAÇÃO

Envolve concentração profunda, contato com o próprio corpo, postura e respiração corretas. Não brigar com o pensamento. Postura amorosa de silêncio.

Meditação, um fato da moda. "Eu medito, eu faço meditação todos os dias." Quando escuto as pessoas dizerem que meditam, parecem dizer várias coisas, como: "Eu sou diferente de você, eu medito", ou "Estou meditando para controlar meus problemas, sobretudo minha ansiedade", ou "Estou meditando porque ajuda muito, coloca a gente mais leve e mais aberto para a vida", e assim por diante.

Meditamos por essas razões e por mais algumas que são válidas, mas, assim como a essência do silêncio não é ficar calado, também a essência da meditação, na sua natureza mais original, transcende essa objetividade de razões pelas quais alguém medita. Parece que fazemos silêncio, oramos ou meditamos em função de alguma coisa que, tudo indica, acontecerá por meio dessas nossas atitudes. Mas nem o silêncio nem a oração ou a meditação visam à produção de algo. São, na essência, estados ou situações transcendentais de interioridade. São situações em si mesmas, como se fossem coisas vivas que vivem por meio de si mesmas e não pretendem ir a lugar algum. Não é porque sou calado que estou em silêncio, não é porque pronuncio reverentes orações que estou orando, não é porque me coloco na posição de Buda, fecho os olhos, fico em posição ereta e respiro que estou em estado de meditação. Meditação é um fenômeno que remete a camada do ser a níveis de transcendência nos quais uma sensação de vazio é experienciada como plenitude de ser si mesmo, como totalidade silenciosa, quieta e potencialmente criadora.

Não se medita "para", simplesmente se medita. É a meditação que faz as coisas acontecerem e não o inverso, como se as coisas fizessem a meditação acontecer. Não se programa a meditação, mas quando se medita ela faz o fenômeno acontecer. São da natureza da meditação a concentração, a reflexão profunda e a contemplação. "Em alguns métodos, sugere-se uma pesquisa abrangente que requer o intelecto para compreender, a memória para recordar, a vontade para aderir com afeto; mas procura-se também fazer com que a imaginação participe mediante a aplicação dos sentidos" (*Lexicon dicionário teológico enciclopédico*, verbete "Meditação", p. 478).

Quando, portanto, estamos em estado de concentração, de reflexão profunda e/ou de contemplação, estamos em estado meditativo ou em meditação e os instrumentos para isso são o intelecto, a memória, a vontade, a imaginação e a vivência dos sentidos por meio do contato conosco e com o mundo à nossa volta. Dizemos que o Todo é maior e diferente da soma de suas partes, ou seja, que o Todo é de natureza diferente da natureza das partes. Podemos dizer o mesmo da meditação, no sentido de que a meditação (ou o estado de meditação), embora induzida pelo intelecto, memória, vontade, sentimentos, é de natureza diferente das partes que a compõem.

Como o Todo, o meditar tem vida e movimentos próprios, daí ser difícil aquilatar seus efeitos por meio das partes que, supostamente, o fazem acontecer, embora sem essas partes o estado meditativo não aconteça. Nesse sentido, os rituais e/ou técnicas de meditação são fundamentais para que o processo de contato com a própria interioridade possa acontecer. A concentração, a reflexão profunda e a contemplação são frutos da meditação, ou seja, o meditar conduz a Pessoa a esses estados em que o Eu se encontra profundamente em contato com o sentido maior da existência e cujo fruto é um sentido de cuidar por mais tempo, com mais força e intensidade do próprio sentido de si mesmo.

A meditação, por mais paradoxal que possa parecer, envolve um profundo e terno cuidado com o corpo. Ela se coloca entre dois pressupostos: *"Mente sã, corpo são. Corpo são, mente sã"*. Não se sabe qual dos dois é o mais verdadeiro, mas ambos têm que ver com a vida, com o sentido da vida no seu desdobrar-se na existência cotidiana. E, num sentido mais profundo e sutil, a meditação tem tudo que ver com nossa liberdade, seja na nossa relação com o imediato aqui-agora, seja na nossa opção pelo transcendente, pelo sagrado, pela espiritualidade que, em última análise, é inseparável da experiência do divino, de Deus. Ou seja, é como se a meditação ou sua prática me colocasse diante de uma sutil opção, aperfeiçoamento do meu ser-como-tal- -no-mundo ou meu desdobramento pessoal para uma realidade maior de contato com Deus, embora isso me "privasse" de um usufruir maior e mais pleno da realidade mundana que me cerca. Radicalizando, até pode parecer que esse dilema é possível e pode, de fato, estragar as duas relações Eu-e-Ele.

A meditação tem tudo que ver com contato, com *awareness*, com ajustamento criativo, com campo, sobretudo no que diz respeito à relação Pessoa-mundo. A meditação é uma convocação para a totalidade, um mergulho em si próprio no mundo. Meditar é incluir o mundo no próprio processo de aprofundamento interior, e quando se chega a níveis profundos de interioridade desaparece a relação Eu-no-mundo para sou-o-mundo-em-meditação. Nesse nível, a meditação se transforma numa configuração perfeita, numa Gestalt plena, uma totalidade organizada, indivisível, consubstanciada no silêncio criador. Aqui a cura pode acontecer.

5 CONTATO PROFUNDO COM A NATUREZA

O Holismo se caracteriza por três afirmações: tudo muda, tudo está ligado a tudo e tudo é um Todo. Se nos deixamos penetrar por essas três afirmações, se nos deixamos senti-las, experimentá-las e experienciá-las, parece que todo o nosso ser experimenta uma dimensão nova, diferente. Algo como: pertenço ao Universo e, ao mesmo tempo que pareço perder minha individualidade e singularidade, também sou arrebatado a um nível de majestosa presença no Universo – não estou sozinho, sou companheiro, sou coeterno com o Cosmo, participo da natureza-como-um-Todo.

> Entre os povos primitivos, era tido como normal que todo ser humano deveria viver em estado de vital reciprocidade com a flora e a fauna, com os rios e as montanhas, com o céu e a terra do qual eles dependiam para sua sustentação física e instrução espiritual. (Roszak, 1995, p. 18)

> Vivemos numa cultura que, por meio da combinação da alta tecnologia e da indústria dos meios de comunicação, está inundando nossas mentes de informações. Absorver informações a respeito da vida não é um substitutivo do viver. Muitos de nós adoecemos quando experienciamos o estresse e a futilidade do excesso de informação do mundo moderno. (Swanson, 1995, p. 64)

Acredito que esses dois pensamentos retratam duas realidades vitais para nossa autoecorregulação organísmica: a da saúde e a da doença, que hoje não parecem mais ser opções legítimas, mas respostas induzidas da modernidade.

O homem moderno perdeu completamente sua relação com a natureza. A pressa, o consumismo, a agressividade ou talvez a violência dos meios de comunicação introduziram no mundo algo como "salve-se quem puder" e, nesse ritmo, a humanidade parece enlouquecida procurando respostas onde quer que pareça existir alguma solução.

Somente uma mudança de paradigma em nossa relação com o Planeta nos poderá reconduzir a um fluir harmonioso com a natureza. Estamos, então, propondo um verdadeiro processo de conversão, de retorno a uma sensibilidade filial para com a Mãe-Terra por meio de uma consciência maior ou de uma *awareness* emocionada de que somos Terra, de que a Terra é a mãe de nossos corpos e não existe separação Eu, o corpo e a Terra – somos uma única totalidade Eu-corpo-Terra. Estamos falando de reaprender, como o homem primitivo, a ver o mar, as estrelas, os bichos, as plantas como partes-outras-nossas-e-da-Mãe-Terra, assim como nós. Como eles, nascemos também da Terra, somos um com a Terra. Estamos chamando esse processo de *pertencimento de ambientalidade*.

O distanciamento, a indiferença, o pouco caso que temos feito da Terra é causa direta de muitos dos nossos mal-estares físicos, mentais e espirituais, porque rompemos a conexão, a conectividade com a Mãe-Terra. Vivemos com medo, com culpa, com angústia, sem falar de todas as doenças modernas como pânico, TOC, tendinites, pressão alta, obesidade, como resposta ao descaso que temos feito aos seus apelos. Não temos tempo nem sequer de olhar amorosamente para ela.

> O diálogo é a pedra fundamental da abordagem gestáltica. O relacionamento cresce em contato com a natureza. As pessoas crescem e formam identidades por meio do contato que acontece entre indivíduo e o meio ambiente. A abordagem gestáltica envolve permitir-se entrar em um autêntico e íntimo diálogo com a natureza, como uma maneira saudável de estar no mundo [...] Nós podemos aprender como entrar em diálogo com a natureza, pois nós temos uma inata capacidade para entender as possibilidades da Terra, uma habilidade para ler a linguagem do mundo natural, entretanto muitos de nós não desenvolvemos tal capacidade. (Swanson, 1995, p. 54-5)

Swanson está nos lembrando de um dos princípios básicos da Abordagem Gestáltica, o de que o Espaço Vital é constituído de P+Meio ambiente. Só por abstração podemos excluir de nossa relação de contato o meio ambiente, a natureza, relação essa que estamos chamando de ambientalidade. Não se trata apenas de dialogar com a natureza, mas de tentar perceber, em qualquer relacionamento humano e, sobretudo, psicoterapêutico, qual nível de relação nosso cliente mantém com o meio ambiente e especificamente com a natureza, sob pena de estarmos, epistemologicamente, fora do campo teórico de nossa abordagem.

O Universo é como um livro aberto pronto a se deixar ler sempre que nossa sensibilidade se propuser a fazê-lo. Na verdade, talvez possamos dizer que temos o DNA do Universo, que nós, que nosso corpo, trazemos as memórias de todas as fases pelas quais passamos ao longo de nossa evolução cósmica e pessoal. Quando entramos em silêncio, quando perdemos as palavras que o fora de nós provoca em nós, aí a natureza fala por meio de seu silêncio e então nossa alma pode escutar o que o nosso corpo fala, pensa, sente e faz. Temos de reaprender a ter curiosidade, a explorar o desconhecido de nossa Mãe-Terra, temos de reaprender a simplesmente olhar, contemplar o silêncio da natureza – silêncio que mora nas montanhas, nas plantas, nos animais – e sobretudo esse silêncio que habita nosso ser e do qual procede toda palavra que se transforma em vida. Temos de reaprender que existe uma correspondência entre a natureza humana e a natureza-Mãe-Terra e que uma é ressonância da outra, assim como o filho, querendo ou não, tem uma profunda ressonância com a própria mãe – porque, assim como a mãe é um organismo vivo, também a Mãe-Terra é um organismo vivo.

Uma visão gestáltica do Planeta passa necessariamente pela compreensão de que o Universo é um campo unificado de forças, é uma totalidade-mãe que contém em si, como o corpo humano, centenas de órgãos que apesar de sua singularidade funcional atuam em conformidade com o Todo. O Planeta não é um conjunto de partes agregadas umas às outras como peças que compõem um objeto. Ele não é estático, é vivo, tem movimento, produz vida. Essa totalidade é inteligente e funciona como um corpo vivo cujos membros reproduzem em si a natureza que define o Todo, pois as partes, embora diferentes umas das outras, têm a mesma natureza da totalidade da qual recebem o impulso vital. Precisamos retornar a uma visão ecológica da Terra, experienciar e vivenciar que não lhe somos estranhos, que assim como o Planeta cuida de nós, nos fornecendo tudo de que necessitamos para viver, também temos de ser cúmplices de suas necessidades.

Muitas de nossas patologias e psicopatologias surgem do distanciamento vivido com relação ao Planeta. Se repetimos em nós toda a história de evolução do Planeta, precisamos olhar para ele como a mãe da qual nascemos e da qual temos as mesmas propriedades, ser como um filho que olha para os pais e se reconhece neles. No Universo tudo é contato, tudo é diálogo, tudo é ajustamento criativo e nada ou ninguém mais que o Universo cria paradoxos. É nesses caminhos paradoxais que ele termina encontrando sempre saídas de extrema complexidade, por exemplo o surgimento do Homem do Planeta, o qual, se não fosse vivo, jamais teria produzido tamanha beleza inteligente.

Muitas pessoas ficam sem comer durante horas e não se dão conta de que existe alimento, comida, bem pertinho delas e de que as consequências de ficar em jejum durante horas são perigosas. Assim estamos nós diante da natureza. Tudo na natureza é alimento. Ela é um banquete maravilhoso e não necessitamos de convite para participar dele. A terra, o ar, o calor, o frio, a água, as estrelas, os bichos, uma manhã ensolarada, a comida está ali à nossa mão, está "pronta", mas precisa ser preparada e o sabor, o tempero, é de gosto pessoal.

6 EXERCÍCIO DE AMOR E COMPAIXÃO POR SI E PELO OUTRO

A Espiritualidade é uma condição humana, ou seja, nossa condição humana nasce dela. É por meio de nossa Espiritualidade que nos encontramos com nossa humanidade. O mundo moderno padece de falta de humanidade entre as pessoas; ele perdeu, há muito, sua dimensão de Espiritualidade que é um fenômeno existencial e cósmico, fruto de nossa evolução. A perda da noção da experiência da Espiritualidade antecede a perda da noção de experiência da humanidade. A Espiritualidade é uma condição humana, já nossa humanidade é uma decorrência, é um *proprium*, i.e., não há como ser Pessoa sem ser espiritual.

Fomos nos depurando de nossa materialidade ao longo de nossa evolução. Sem deixar de ser matéria, adquirimos formas mais sutis de existência. Cada série evolutiva é um processo de transcendência com relação à anterior. Enquanto a matéria, primeira série do processo evolutivo, era só quantidade nas suas diversas formas, o ser humano, fruto final da evolução, é matéria e espírito, propriedades inseparáveis no contexto humano.

A Espiritualidade foi gerada do próprio processo evolutivo, ela não é uma abstração, como um ente metafísico que só é entendido ontologicamente, como tendo existência e existências próprias, algo do mundo das ideias. Espiritualidade é a expressão mais sutil da totalidade humana, a melhor forma-expressão do lado transcendental do homem. Ela é uma predisposição, pronta a se deixar expressar sempre que provocada, sempre que um dos seus aspectos entra em cena. Por isso falamos de algumas formas (meditação, oração, silêncio, rituais) por meio das quais a dimensão Espiritualidade se faz presente de maneira mais sensível na vida de uma pessoa.

Longe de ser algo estático, a vivência da Espiritualidade é dinâmica, se expande de muitas maneiras. Mas nenhuma delas explicita esse estado de bem-aventurança mais que o amor e a compaixão. Eles andam de mãos dadas. Eu diria que a compaixão é o fruto mais sensível do amor.

Amor é contato. Talvez seja por meio do amor que o contato realize plenamente sua definição. O contato é, essencialmente, voltar-se para si, é amar a si mesmo antes de tudo. "Amarás teu próximo como amas a ti mesmo", isto é, farás contato contigo antes que com qualquer outro. Amar a si mesmo, antes de qualquer coisa, é tomar posse plena de si, é se conhecer e reconhecer como uma totalidade operante, dinâmica.

Já a compaixão é um movimento para o outro, na direção do outro, embora nasça do amor a si próprio. Só consegue compadecer-se do outro quem se ama profundamente, porque o amor, ao dar as medidas do que significa se amar, abre a Pessoa para se compadecer do outro, como um efeito natural da condição humana. Assim, compadecer-se passa a ser natural à condição humana tanto quanto é condição humana amar-se. Compadecer é um ajustamento criativo pois, na razão em que ninguém dá o que não tem, o amor pelo outro supera a compaixão porque ele dá, não obstante não ter de onde tirar; assim, é tanto mais compassivo aquele que mais ama.

A Espiritualidade tem em Deus sua fonte primeira de nutrição. Não nasce no e do homem por encanto. É fruto de uma busca constante, de uma procura cuidadosa das possibilidades que tudo no Universo nos apresenta. Não é pobre, egocentrada. É como algo que, por natureza, se expande para onde a deixam entrar. Implica uma experiência de totalidade na qual as partes disputam um crescimento singular, de tal modo que, sem perder sua natureza particular, promovem a totalidade como geradora de novos todos. Esse é o lugar do amor e da compaixão.

A Espiritualidade emana da totalidade presente em todas as coisas. Uma coisa só é ela mesma, só é definível, porque é uma totalidade, ou seja, as partes estão de tal modo em contato relacional que não se distinguem mais, fazem um Todo, uma unidade de sentido, uma Gestalt. O amor só é amor quando as partes em questão se fundem. Nele não existe lugar para partes em litígio, pois a experiência vivida do amor supõe um consumir-se amorosamente no outro. Como diz São Paulo: "Já não sou eu que vivo, é Ele que vive em mim". Relação perfeita Eu-Tu, inclusão no outro, um olhar para o outro com os olhos dele. A compaixão nasce dessa experiência profunda do amor. Aqui se transcende o amor. Na compaixão se investe no outro, supera-se a diferença, não importa em que ou em quem, porque o amor

HOLISMO, ECOLOGIA E ESPIRITUALIDADE

"não busca seus próprios interesses, não se irrita, não guarda rancor. Tudo desculpa, tudo crê, tudo espera, tudo suporta" (I Cor.13,6/8).

Estamos no mundo da Espiritualidade, onde o amor a si próprio é tão grande, transformando-nos em densidade de uma totalidade existencial tão maravilhosa, que somos apenas abundância, não nos damos mais por partes, mas por inteiro. Quando nos damos por inteiro, continuamos inteiros; se nos damos em partes, perdemos nossa totalidade. Esse jeito de estar no mundo é o jeito como a Espiritualidade existe e funciona. É um estado mental de quem procura com afinco a disciplina, a paz, a leveza, a fluidez; de quem se deixa levar pela beleza, sua e do Universo, e tenta olhar o mundo, o outro, com olhos de inocência; de quem não procura respostas, apenas se deixa perguntar.

É preciso que as pessoas entendam, que o gestaltista entenda, que esse é o mundo da verdadeira humanidade, o mundo da configuração perfeita, da Gestalt plena, onde não existem parte e Todo, figura e fundo, dentro e fora, mas simplesmente você-e-o-Universo como um imenso campo unificado de forças.

7 DESCOBRINDO HARMONIOSAMENTE O COTIDIANO

Descobrir, amorosa e harmoniosamente, a natureza. Reinventar o cotidiano, relê-lo. Sentir tesão pela vida e se deixar apaixonar por ela, sem medo.

Quantos passamos pela vida sem vivê-la? Mas será isso possível?! O que caracteriza viver? Paramos um pouco, olhamos para nós e ao nosso redor e vemos pessoas se movimentando de mil maneiras. Trabalhamos, brincamos, fazemos amor, viajamos. Mas, afinal, o que constitui o viver humano?! O sentido da vida vem de dentro e se aplica às coisas à nossa volta, ou nasce de fora e encontra seu sentido em nós? Olhamos as pessoas e dizemos que elas estão vivas. Mas será que estão vivendo ou simplesmente se deixando levar? O que caracteriza um viver autêntico? "O heroísmo, a santidade, o prazer, um grande trauma, o trabalho criativo, a liberdade?"

Será que podemos olhar para alguém e dizer "Esse aí vive, soube viver"? Ou isso é uma resposta pessoal, silenciosa, tão particular que às vezes uma pessoa não consegue, olhando sua própria história de vida, dizer que "valeu a pena", mas simplesmente se deixar possuir de uma sensação de "dever cumprido", ou simplesmente viver com maior ou menor afinco, zelo, cuidado à espera de que a frustração não seja tão pesada ou de que o prazer possa orientá-la na direção de um horizonte mais convidativo?

Olhamos as pessoas à nossa frente, estão todas vivas. Viver é extremamente rotineiro, não nos chama a atenção, é tudo igual, por mais diferente que seja. As novidades logo acabam e tudo volta ao normal. Cada um define seu pedaço e depois fica tudo por aqui. Nada é permanente. Tudo muda. A questão então é: como sair dessa posição, desse lugar mental-existencial, como transformar o viver em um evento, em uma perene celebração da vida?

Na verdade, e em primeiro lugar, não prestamos atenção a que somos um milagre ambulante, que a relação Mente/corpo/meio ambiente é de tal modo complexa que poder sentir, pensar, agir e falar é *per se* tão significativo que deveríamos estar em permanente estado de ação de graças. Falta-nos um olhar crítico sobre nosso próprio funcionamento e, quando este falha, não nos damos conta de uma totalidade interrompida e queremos apenas reparar a peça que já não funciona.

Na verdade, nada mais de graça do que viver. **Ouvimos** o som do Universo na voz dos pássaros, no ruído do vento, no roncar dos oceanos, na voz da amada que diz "te amo", na voz da criança que nos diz "papai/mamãe", e não prestamos atenção. **Degustamos** o sabor quente da comida, o gosto excelente do café, o sabor mágico das frutas, dezenas de sucos, o gosto transcendental do beijo, e não prestamos atenção. **Vemos** o nascer do Sol, a majestade do céu estrelado, a fascinação da Lua por entre nuvens, a beleza das árvores, o olhar inocente das crianças, o olhar apaixonado da mulher que nos ama ou o olhar mentiroso de quem nos elogia falsamente; vemos a beleza do outro e a nossa própria, e não prestamos atenção. **E o cheirar**... que coisa magnífica o cheiro que nos alerta, nos defende, nos protege, nos avisa, nos excita, o perfume penetrante das flores, o cheiro do corpo da amada em êxtase de orgasmo, o aroma da terra molhada após uma chuva de verão, e não prestamos atenção. E o **tato**. Como é gostoso sentir as mãos que nos falam com carinho, tocar o corpo de nosso filho bebê, da mulher que amamos; como é bom tocar o corpo de quem tem fome de ser acarinhado; como é gostoso o abraço amigo quando estamos carentes; como é bom tocar uma flor, sentir a água tépida que desliza pelo nosso corpo, pisar na grama molhada – e não prestamos atenção.

Nosso corpo é uma máquina divina que trabalha dia e noite por anos a fio DE GRAÇA, não nos cobra nada, apenas espera que cuidemos dele para nosso próprio bem. Tenho a sensação de que, às vezes, parecemos dizer ao nosso corpo: "Você não faz mais que sua obrigação"; e, quando ele falha porque não cuidamos dele, nós o culpamos, ficamos magoados com ele. E que dizer do Universo, esse outro lado nosso, o meio ambiente, a natureza, que, assim como a minha alma (meu racional) e o meu corpo (meu animal), é um dos ângulos desse triângulo perfeito chamado Pessoa Humana, e nós não prestamos atenção a ele. Nós o usamos, ele está aí para ser usado e basta. Que pena, tanta força, tanta energia, tanta beleza, tanto potencial não aproveitável.

A dicotomia e a separatividade tomaram conta do nosso agir, criaram valores próprios que deixaram de ser nosso próprio instrumento de vida. O homem primitivo e o inconsciente ecológico de priscas eras sumiram, a realidade fora domina o dentro de cada um de nós. Não sabemos mais ser instrumentos de nossa própria felicidade, por isso termos de TER cada vez mais. Só o TER preenche o nosso SER. Desde cedo entupimos nossas crianças de lixo eletrônico, por isso elas não sabem usar uma pipa, um estilingue, fazer um açude na enxurrada depois da chuva, não sabem montar uma arapuca, fazer um curral usando lobos (fruto da lobeira) como pequenos animais. E você sabe? Você sabe ensinar seu filho a fazer essas coisas? Não estamos fazendo apologia contra o que é atual, moderno, estamos dizendo que isso tirou da alma do homem moderno o sagrado que o homem primitivo, caçadores e coletores, vivia com tanta e com toda naturalidade.

Estamos de novo voltando ao ponto central: o homem deixou de ser seu próprio instrumento de felicidade, precisa de coisas fora dele para se sentir presente no mundo. Estamos falando da importância do contato consigo mesmo para poder reaprender a olhar o mundo com outros olhos, da importância do que é dar-se conta emocionalmente (*awareness*) de sua relação com o mundo, que se oferece gratuitamente a ele para seu próprio bem. Estamos falando de como é fundamental um ajustamento criativo, um saber usar-se nas coisas e usar as coisas para si, da importância de trocas reais, existenciais, nas quais nada se perde e se ganha tudo e sempre.

Perdemos o dom da simplicidade, tudo tem de ser do bom e do melhor, senão não serve. O consumismo é hoje um dos piores males da humanidade e o maior responsável pelo lixo que se acumula nas grandes cidades. Cada dia mais aprendemos a lidar com coisas fora de nós, e quanto mais complicadas mais interessantes são; ao mesmo tempo, desaprendemos a nos usar como instrumentos de solução dos nossos trabalhos. Desapareceram as costureiras, os sapateiros, os ferreiros, as floristas, os marceneiros. Hoje compramos tudo, não precisamos aprender a fazer nada. Estamos perdendo nossas habilidades. Quem sabe fazer contas "de cabeça"? Para quê? As calculadoras resolvem tudo. Saudosismo?! Talvez. Ser do contra com o progresso?! Talvez, mas talvez não.

Na verdade, estamos tentando apresentar um paradigma diferente. O correto é: o Universo como centro do homem e o homem ao seu serviço. Temos trocado o sagrado pelo profano, a imaturidade pela maturidade, a qualidade pela quantidade, a Ecologia Profunda pelo consumismo, o Holismo pelo autoritarismo.

O mundo moderno é o mundo das partes, das especializações, cada vez mais de menos. Estamos perdendo a noção de conjunto, de totalidades, de campo unificado de forças. Estamos vivendo um "salve-se quem puder". A Abordagem Gestáltica é um apelo à experiência do que é exatamente o oposto do exposto. Sem mais comentários...

8 OS RITUAIS

As religiões se expressam por meio de rituais, que são instrumentos para chegar até a divindade. Isso não significa que só se chega até Deus por meio de rituais. Os rituais são facilitadores de um contato mais visível, mais claro, mais direto, como uma procuração para um encontro maior. É como se Deus fosse chamado em causa nos rituais para responder a uma maior aproximação e interiorização com Ele. Não precisamos de rituais para chegar até Ele, embora para muitas pessoas eles criem um campo de energia, de força, que facilita a aproximação homem-Deus, sobretudo quando são rituais coletivos nos quais a energia humana forma um campo de energia espiritual dando, às vezes, a sensação de que Deus está entre nós.

Os rituais nascem de uma cultura, de um inconsciente coletivo religioso, e quase sempre representaram e simbolizaram a vida cotidiana do homem primitivo – e continuam tendo hoje a mesma função. Eles não são criados para as pessoas, eles nascem das pessoas que os organizam como formas de se conectar melhor a Deus ou às divindades a que eles se referem. Se conhecemos bem os rituais, sua simbologia, podemos a partir deles perceber de que lugar eles vieram e sua relação com as pessoas às quais se destinam. Existem diferentes rituais, alguns públicos, coletivos, outros individuais; todos têm a mesma crença, são meios de obter o que se deseja queimando etapas de uma procura pessoal. Cremos que por meio dos rituais damos maior visibilidade aos nossos pedidos ou desejos, como também que os seres a que eles se destinam os veem melhor.

Os rituais são dirigidos a Deus, deuses, santos, anjos, demônios. São rituais de adoração, de agradecimento, de pedidos de vida e de morte, todos eles atribuindo poderes especiais a coisas, a gestos que substituem a vontade responsável da Pessoa. Todos esses rituais fazem parte do mundo da Espiritualidade. Eles aparecem de todas as formas, como danças, fogueiras, sacrifícios de pessoas ou animais, procissões, missas, terços, bênção com sal, água, fogo, cantos, feitiços, velas, incenso. É marcante, em todos os rituais, que se pretende que essas coisas, esses gestos, tenham uma força maior de mover ou comover aqueles a quem se dirigem do que uma atitude interior de reflexão e união com os seres superiores. Alguns desses rituais estão em ou fazem, sim, relação com o mundo da Espiritualidade, embora alguns nasçam de desejos ou pressupostos nada espirituais, no sentido de que quebram a verdadeira noção de transcendência ou de Ecologia Profunda, porque não visam à construção de uma realidade melhor ou de uma melhor forma que eleve o ser humano.

Os rituais são válidos instrumentos para o desenvolvimento de uma Espiritualidade nutritiva e criadora, desde que nasçam da necessidade da pessoa de se fazer ajudar para entrar em maior contato consigo, com o outro e com Deus, na procura de um contato consigo mesma que a leve a transcender, superando limites antes tidos como não superáveis. Os rituais de modo geral tentam conduzir a pessoa a lugares mentais, espirituais, existenciais aos quais ela não costuma ter fácil acesso. Eles são substitutivos do próprio poder da pessoa, que lhe confia algo que ela acredita não conseguir pelos próprios méritos, mas, ao fazê-lo, parece um paradoxo, como um sub-resultado, ela se encaminha pelo desejo, pela fé, pela esperança, para esse lugar do encontro com a graça a ser alcançada pelo ritual. A pessoa se move na direção do desejo. Ela sabe que o ritual sozinho não consegue tudo de que ela precisa e então de algum modo coloca-se na posição de prece, do pedir e do agradecimento antecipado. Os rituais sozinhos, sobretudo se repetitivos, ajudam pouco no caminho de uma maior consciência espiritual, mas têm o mérito de manter a pessoa no campo, na situação de quem espera para atingir um nível ou grau de maior contato com seu mundo interior.

A Espiritualidade não é um ponto a ser atingido, é a própria caminhada, o próprio ponto. Ela não é feita de partes, é um Todo, um jeito de ser, de se experienciar, de se vivenciar como um dom, como um presente vivo para a humanidade. Ela é cuidado, é presença, é oferta, é troca. Se conseguimos fazer isso por conta própria, perfeito; se não, os rituais são válidos instrumentos para nos ensinar a superação de nós mesmos.

Os rituais são experimentos espirituais e têm sua validade desde que não tomem a parte pelo Todo. Os rituais são um meio de comunicação, de contato com entidades que estão fora de nosso alcance. Mas como são feitos pelo homem eles supõem, e às vezes exigem de quem os pratica, um dar-se conta do seu significado, o que, paradoxalmente, cria a necessidade de resgatar seu verdadeiro significado.

Conclusão
OU à guisa de conclusão

JAMAIS ESGOTAREMOS ESSES TEMAS, porque eles são partes constitutivas da própria história do Planeta e de nossa própria história. Esses temas estavam lá, na primeira hora, antes da primeira hora, porque pairavam na Mente do Criador. Penso até que o mundo só foi criado porque, na Sua Mente, Ele queria começar uma história perfeita. Ele pensava, entretanto, em como criar uma história perfeita e ao mesmo tempo brindar o Universo com um jeito de ser de difícil operacionalização – liberdade. Embora Ele soubesse que seu plano não falharia, sabia que sofreria porém muitos ajustes. Pensou, entretanto, que era justamente por meio do ajustamento criativo que sua criatura se tornaria cada vez mais humana ou sua imagem e semelhança. Aí Ele decidiu criar, mas impôs três princípios absolutos: 1- que tudo dependa de tudo; 2- que tudo mude; 3- que tudo seja um Todo. "E assim será", disse Ele.

Com essa determinação estavam lançadas as bases do Holismo, da Abordagem Gestáltica, da Ecologia Profunda e da Espiritualidade como pressupostos para a melhor forma, para uma configuração perfeita.

A evolução do Planeta se faria por meio de Todos, uma força sintética no e do Universo. Tudo dependeria de tudo, nada seria, ontologicamente, separado de nada. O respeito pelo outro seria a norma metafísica que permitiria a evolução acontecer inteligentemente. E mais, cada passo da evolução transcenderia o anterior, de tal modo que a beleza fosse a força condutora da evolução. Como numa semente, tudo conteria em si sua própria existência, tudo seria um Todo, uma Gestalt plena, de tal modo que no Universo nada seria de segunda linha, tudo seria de primeira linha, não importa se uma formiga ou uma estrela de primeira grandeza. Nada seria superior a nada, porque tudo seria um Todo. Estava criado o mundo da Totalidade e não o das Partes.

O respeito pela diferença tornaria tudo igual e, numa ontológica cooperação, a evolução se faria, multiplicando-se ao infinito nas suas formas, sempre à procura da melhor forma, da mais perfeita configuração. Não obstante tantos atalhos, a evolução ainda hoje segue seu instinto autoecorregulador que é a busca da totalidade potencialmente presente em tudo, ou seja, a busca da melhor forma. "E tudo será um Todo", dissera Ele – na nossa linguagem: tudo será uma configuração perfeita, uma Gestalt plena. Esse é o instinto criador da evolução: ser perfeito, comando que todos receberam – e cada ser do Universo particularmente, sobretudo o ser humano, homem-mulher, o *top* de linha do processo evolutivo hoje.

O ser humano tem uma configuração toda especial, é uma Gestalt plena, uma totalidade vivente. Ele é um Todo que o faz um Tudo, uma totalidade que o faz quase uma divindade (São Paulo diz: "Vós sois deuses") tal a potencialidade de que é dotado, mas, infelizmente, o homem não se apercebeu dessa configuração de que se reveste sua Presença no Universo.

Somos milionários e vivemos em extrema pobreza porque não nos damos conta, emocional e cognitivamente, de que somos deuses. Nosso corpo, uma catedral de beleza, não passa de uma choupana ou uma capelinha mal administrada. Somos tão atraídos pelo fora de nós que não nos damos conta da imensidão de qualidades que existem dentro de nós. Somos péssimos administradores das qualidades, dos dons que recebemos. O consumismo nos empobrece, a beleza nos enfeia, o dinheiro nos faz carentes. Vivemos um ajustamento criativo neurótico, às vezes psicótico, porque criamos dois mundos: nós e ele, nós **e** o mundo. A separatividade é vivida como normal, a defesa desorganizada da sustentabilidade do Planeta nos afastou da nossa própria sustentabilidade, que é a única fonte possível de salvação do Planeta. A ciência está emburrecendo o homem, ele está desaprendendo a usar a si mesmo e o mundo fora dele como meio de sustentabilidade emocional, cognitiva e motora.

Entendo que viver é ajustar-se criativamente a cada momento e a cada situação, pois vivemos constantemente a impermanência por meio da lei cósmica de que tudo muda; vivemos, a cada momento, vendo e descobrindo as mais complexas inter-relações no mundo humano e não humano por meio da lei cósmica da interdependência; estamos no vazio perene que é plenitude em potencial por meio da lei cósmica de que tudo é um Todo. Precisamos, portanto, sentir, pensar e fazer que por meio da experiência e vivência do contato nós possamos usufruir da realidade de maneira mais leve e mais nutritiva, até porque o contrário é romper com uma harmonia já estabelecida que existe em função de que a evolução nossa no planeta encontre sempre a melhor forma, a melhor configuração.

Na mesma linha de raciocínio, podemos trazer de volta a concepção de que a Pessoa Humana seguirá seu processo evolutivo por meio da vivência milenar da animalidade, da racionalidade e da ambientalidade. O homem está no Planeta há cerca de dois milhões de anos. Já ali ele era detentor desses três sistemas, sentia, pensava e agia. Eram sistemas íntimos perfeitos, saídos do forno, novinhos, e ele os usava com toda a sabedoria, "sabendo" que disso dependeria sua sobrevivência. Acredito que em cada época a humanidade usou mais um do que outro, a partir das necessidades do campo, da situação vivida. Creio, entretanto, que naqueles primitivos campos o homem usou os três, tirando deles tudo que podiam lhe oferecer. Talvez o homem nunca tenha sido tão homem como o foram os homens daqueles tempos. A autoecorregulação organísmica e o ajustamento criativo exigiam que eles colocassem para fora todo o potencial de luta e de percepção de que seu corpo dispunha.

O homem primitivo se confundia com a Terra, com o Universo. Ele era uma extensão da Terra, ele era uma só coisa com o Planeta. Sua absoluta ambientalidade o preparava para viver plenamente sua dimensão de relação Pessoa/meio ambiente da maneira mais natural possível. Essa sensação de pertencer ao universo, de ser parte integrante dele, fez do homem primitivo um *homo sacer*, um ser sagrado, porque ele consagrava o Universo à sua frente, prestando a ele toda a reverência de que era capaz para conviver com ele de maneira viva, integrada, pertencente e encantada.

O homem viveu essas três dimensões de diferentes formas ao longo dos séculos, e a mais prejudicada foi a ambientalidade, sobretudo à medida que a ciência, por meio do progresso, começou a responder materialmente às necessidades das pessoas e o meio ambiente foi deixando de ser a fonte natural de nutrição.

O mundo deixou de ser sagrado para ser profano, e a dicotomia e a separatividade invadiram o pensamento e o jeito de agir humanos. O homem passou a olhar o mundo como o outro, o desconhecido, o que deve ser domado, e se esqueceu de que, como todas as outras coisas, ele é também uma coisa, filho da Terra, feito de terra, água, fogo e ar. Rompeu-se a totalidade existencial e operativa, o Todo foi dividido em partes e elas tomaram a pretensão de dominar o Todo. A matéria se sobrepõe ao espírito, o Universo se paganiza, perde o sentido original das coisas, a Espiritualidade, que é uma condição humana, passa a ser coisa de iniciados.

O mundo moderno rompeu com uma visão holística de mundo, rompeu com o sentimento de Ecologia Profunda que faz da Terra o centro do Universo e não o homem, pois este perdeu o centro até de si mesmo, rompeu com a espiritualidade, porque ele, o homem, não tem mais tempo para nada, corre atrás do movimento do mundo, está exausto de correr sem saber para onde – não existe um lugar de chegada, só existe uma estrada sem fim –, perdeu a capacidade de se encontrar, porque desaprendeu a sentir, a pensar e a fazer como forma de ajustamento criativo saudável.

O homem rompeu o vínculo com o passado, ficou sem história, olha para si e já não se reconhece ou só se vê quando se vê no futuro, diferente do que é hoje. Perdeu a conexão com o espiritual, o imediatismo afastou dele a qualidade, e ter cada vez mais, não importa o que, se transformou no que dá sustentação ao desejo humano. A sustentabilidade do Planeta passa pela sustentabilidade do homem. Um não se salvará sem o outro.

Falamos exaustivamente de possíveis soluções para contornar ou salvar o Planeta do descaso por que ele está passando. As escolas, ou melhor, o processo educativo, ocupam um lugar fundamental em lançar sementes, sobretudo na alma das crianças, ainda não contaminadas pelo consumismo, por uma indiferença danosa aos rumos do Planeta. Nenhum ensinamento será útil ao homem se ele não aprender que, antes de salvar o Planeta, ele é o mais ameaçado de todos.

É na família que a criança aprende a cuidar do Planeta, a se admirar diante da majestade simples da natureza. A família inclui a chave de muitos segredos, e a chave de abertura para a Ecologia ninguém mais que a família possui. A família é o lugar no qual a vida acontece e faz sentido, e é lá que se deve ensinar que a Terra, nossa casa, precisa ser cuidada, amada, usada respeitosamente, tal qual ensinamos nossos filhos com relação à sua casa.

O resgate do Planeta se torna, de repente, uma questão religiosa. Religiosa não apenas no sentido de religar, mas no sentido de reler. O Universo é a expressão mais perfeita da onisciência de Deus. A criação do Universo é fruto de um ato explícito da vontade divina de sair do silêncio e se fazer ouvir por meio da fala do Universo. Não se prova a existência de Deus. Deus se sente e sentir Deus não é obra do pensamento, mas efeito da contemplação humilde do Universo, que é a expressão mais clara, é a explicitação mais eloquente de sua misteriosa e invisível presença. Esta é uma tarefa religiosa: conduzir o ser humano à presença de Deus pela contemplação do Universo, considerando que este conta e proclama as suas obras. Fazer do Universo a escada de Jacó que conduz ao Criador.

A psicoterapia é o nosso mais usual instrumento de trabalho. Utilizamos a nós mesmos como nosso principal instrumento de trabalho. As bases teóricas e filosóficas nos instrumentalizam para que nosso trabalho seja criticamente exercido, mas é preciso que algumas dessas teorias se constituam em nosso instrumento de trabalho a partir de uma experiência pessoal por meio delas. Estou falando do Holismo e da Ecologia Profunda que despertam em nós um desejo de estar em contato com toda a natureza, contato

que nos leva a transcender porque nos coloca no em-si-das-
-coisas, nos tira da materialidade do aqui e agora e nos permite experienciar um espaço e um tempo vividos que
ressignificam tudo, colocando-nos no mundo da mais pura
Espiritualidade, onde a Gestalt encontra sua plenitude na
totalidade da relação Pessoa/mundo/ambiente.

O gestaltista não só precisa conhecer essas teorias, mas
também estar imbuído do poder interno que elas possuem
de transformar, de criar paradigmas, de mover e comover
quando feitas instrumentos nas mãos de quem se sensibiliza
pelo destino do Outro e do Planeta.

A Abordagem Gestáltica nasce do Holismo, que gera a
Ecologia Profunda, e juntos despertam a alma humana para
os níveis mais sutis da espiritualidade. O Gestalt-terapeuta
não só conhece essas doutrinas, mas se dá conta emocionalmente (*awareness*) de que a saúde passa pela leveza de
penetrar nas potencialidades dessas doutrinas e tirar delas
aquilo de que ele precisa, primeiro para si e depois para o
outro, e de que a sustentabilidade do cliente começa a se
fundir na sua própria sustentabilidade.

Olhamos para nós e nos perguntamos: "Quem sou eu?"
E continuamos a perguntar o que é o Eu em mim, que centro de convergência é esse que comanda todo o meu ser.
Tento ter uma visão de minha totalidade, de tudo aquilo
que me tornei, imagino do meu nascimento até hoje, lanço
todo o meu ser, horizontalmente, à procura de tudo aquilo
que hoje se relaciona comigo e, quanto mais perguntas faço, mais longe fico das respostas procuradas. Essa procura
parece não ter resposta porque buscamos onde não está a
pergunta, pois essa procura revela a mais importante parte
da nossa história.

Esquecemos ou não estamos habituados a nos pensar-
mos evolutivamente. Fomos matéria, fomos vida, fomos

Mente, somos pessoas. Essas são nossas séries evolutivas e nossa definição será encontrada nesse movimento cósmico de transcender sempre à procura da melhor forma, da mais funcional configuração.

Sem uma profunda consciência de que há bilhões de anos estamos sendo formados, de que fomos terra, água, fogo, ar, de que fomos matéria, animais, racionais, ambientais, de que somos, hoje, PESSOA, e de que essa história formou em nós nossa IPSEIDADE, i.e., nossa auto-imagem-cósmico-terrestre, mais que um *SELF* cósmico, dificilmente usufruiremos da totalidade de nosso Ser.

Nossa Ipseidade é o retrato falado, visível no corpo presente hoje para nós. Somente nossa Ipseidade nos dá a dimensão real de quem somos nós hoje, porque ela é o resultado final de nossa história pessoal evolutiva. Nosso *Self* é temporal, nasceu conosco. Nossa Ipseidade é atemporal, nasceu quando surgiram as primeiras estrelas e não parou mais de evoluir; hoje é o nosso retrato contado por meio de nosso corpo-alma, de quem nos tornamos ao longo de nossa particularíssima evolução pessoal.

Nossa Ipseidade é fruto de nosso processo evolutivo, holístico, ecológico e gestáltico à procura de nossa melhor forma, que é o que somos hoje. Ao penetrar nesse profundo mistério da nossa caminhada e formação evolutiva, só nos resta nos curvarmos diante desse mistério que esconde em nós a chama de Espiritualidade, que se constituiu por meio de uma transcendência teleológica que evoluiu da matéria até nós, hoje.

Agradeço e reverencio.

Bendita e Louvada seja a Santíssima
e Indivisível Trindade. Amém.

Bibliografia

ALBUQUERQUE, C. A. *Uma trilha gestáltica no campo da Ecologia Profunda: do xamanismo à ecopsicologia.* 2008. Monografia apresentada no Instituto de Gestalt-Terapia de Brasília, Brasília, DF.

ANGERAMI-CAMON, V. A. (org.). *Espiritualidade e prática clínica.* São Paulo: Pioneira Thomson Learning, 2004.

BUBER, M. *Eu e Tu.* São Paulo: Centauro, 2003.

CAHALAN, W. "The Earth is our real body: cultivating ecological groundedness in Gestalt Therapy". *The Gestalt Journal,* v. 18, n. 1, p. 87, 1995.

CAPRA, F. *Pertencendo ao universo.* São Paulo: Cultrix, 1991.

CORÇÃO, G. *A descoberta do outro.* São Paulo: Agir, 1961.

ELIADE, M. *O sagrado e o profano: a essência das religiões.* Lisboa: Livros do Brasil, 2002.

KOFFKA, K. *Princípios da psicologia da Gestalt.* São Paulo: Cultrix, 1975.

LEXICON *dicionário teológico enciclopédico.* São Paulo: Loyola, 2003.

MALAGUTH, M. *A fenomenologia das vivências arquetípicas estimuladas pelas pranchas de Rorschach.* 2008. Dissertação (Mestrado em Psicologia) – Universidade Católica de Goiás, Goiânia, GO.

MINKOWSKI, E. "Le temps vécu. Prólogo". Trad. Adriano Holanda. *Revista da Abordagem Gestáltica,* v. 13, n. 2, 2007[1933].

Perls, F. *et al*. *Gestalt-terapia*. São Paulo: Summus, 1997.

Ribeiro, J. P. *O ciclo do contato*. *Temas básicos na abordagem gestáltica*. São Paulo: Summus, 2007.

_____. *Ruídos: contato, luz, liberdade*. *Um jeito gestáltico de falar do espaço e do tempo vividos*. São Paulo: Summus, 2006a.

_____. *Vade-Mécum de Gestalt-terapia – Conceitos básicos*. São Paulo: Summus, 2006b.

_____. *Do Self e da Ipseidade: uma proposta conceitual em Gestalt-terapia*. São Paulo: Summus, 2005.

_____. *Gestalt-terapia de curta duração*. São Paulo: Summus, 1999.

_____. *Gestalt-terapia: o processo grupal*. São Paulo: Summus, 1994.

_____. *Gestalt-terapia: refazendo um caminho*. São Paulo: Summus, 1985.

Roszak, T. "The greening of psychology: exploring the ecological unconscious". *The Gestalt Journal*, v. 18, n. 1, p. 9, 1995.

Smuts, J. C. *Holism and evolution*. Nova York: Highland, 1996[1926].

Swanson, J. "The call for Gestalts contribution to Ecopsychology: figuring in the environmental field". *The Gestalt Journal*, v. 18, n. 1, p. 47, 1995.

Wymore, J. "Wilder boundaries". *The Gestalt Journal*, v. 18, n. 1, p. 115, 1995.

dobre aqui

CARTA-RESPOSTA
NÃO É NECESSÁRIO SELAR

O SELO SERÁ PAGO POR

AC AVENIDA DUQUE DE CAXIAS
01214-999 São Paulo/SP

dobre aqui

CADASTRO PARA MALA-DIRETA

Recorte ou reproduza esta ficha de cadastro, envie completamente preenchida por correio ou fax, e receba informações atualizadas sobre nossos livros.

Nome: _____ Empresa: _____
Endereço: ☐ Res. ☐ Coml. _____ Bairro: _____
CEP: _____ - _____ Cidade: _____ Estado: _____ Tel.: ( ) _____
Fax: ( ) _____ E-mail: _____
Profissão: _____ Professor? ☐ Sim ☐ Não Disciplina: _____ Data de nascimento: _____

1. Você compra livros:
☐ Livrarias ☐ Feiras
☐ Telefone ☐ Correios
☐ Internet ☐ Outros. Especificar: _____

2. Onde você comprou este livro? _____

3. Você busca informações para adquirir livros:
☐ Jornais ☐ Amigos
☐ Revistas ☐ Internet
☐ Professores ☐ Outros. Especificar: _____

4. Áreas de interesse:
☐ Educação ☐ Administração, RH
☐ Psicologia ☐ Comunicação
☐ Corpo, Movimento, Saúde ☐ Literatura, Poesia, Ensaios
☐ Comportamento ☐ Viagens, Hobby, Lazer
☐ PNL (Programação Neurolongüística)

5. Nestas áreas, alguma sugestão para novos títulos? _____

6. Gostaria de receber o catálogo da editora? ☐ Sim ☐ Não
7. Gostaria de receber Informativo Summus? ☐ Sim ☐ Não

Indique um amigo que gostaria de receber a nossa mala-direta

Nome: _____ Empresa: _____
Endereço: ☐ Res. ☐ Coml. _____ Bairro: _____
CEP: _____ - _____ Cidade: _____ Estado: _____ Tel.: ( ) _____
Fax: ( ) _____ E-mail: _____
Profissão: _____ Professor? ☐ Sim ☐ Não Disciplina: _____ Data de nascimento: _____

Summus Editorial
Rua Itapicuru, 613 7° andar 05006-000 São Paulo - SP Brasil Tel.: (11) 3872-3322 Fax: (11) 3872-7476
Internet: http://www.summus.com.br e-mail: summus@summus.com.br